0~6歳

すぐ手助けするより、
じっくり見守る

自分で考えて動ける子になるモンテッソーリの育て方

モンテッソーリ久我山こどもの家
上谷君枝
Kimie Kamiya
石田登喜恵
Tokie Ishida

実務教育出版

推薦のことば

なんとやさしいお心のこもった御本なのでしょう。1人でも多くの若いおかあさまや、学生、教師の方々にお読みいただきたいと心より思いました。

上谷君枝さんは私どもの教師養成コース十期生として、35年前にご卒業なさり、30年以上にわたり、こどもたちの幸せな生活を守り、お手伝いする毎日を続けていらっしゃいます。後にコースにお入りになった御息女の石田登喜恵さんも、君枝さんと一緒に「モンテッソーリ 久我山こどもの家」にてご活躍中でいらっしゃいます。

この本を読み進むうちに、いつしか微笑みが浮かんできます。

また、同時に著しい発達を遂げる幼いこどもたちを改めて深く理解し、教師としての責任を実感なさる本だと存じました。

いまなお、教師として活躍中の方の多い十期生の皆様とともに、君枝さん、登喜恵さんのたゆみないご努力を祝福して。

２０１８年５月

東京国際モンテッソーリ教師トレーニングセンター

所長　松本静子

はじめに

「こどもがなかなか言うことを聞いてくれない」

「しつけをどのようにしたらよいか迷っている」

「日常のいろいろなことを、自分でできる子になってほしい」

0歳から6歳を迎える前のお子さんがいるご家庭では、このような悩みが多いのではないでしょうか。


モンテッソーリ教育と聞いて、あなたはどんなことを思い浮かべますか？

「考える力が育つ？」

「自分1人でできる子になる？」

「賢くなる？」

昨今では、世界中のさまざまな国で、モンテッソーリ教育が注目を集めています。

日本でも将棋の藤井聡太棋士がモンテッソーリ教育を受けていたこともあって、関心を持たれる方が増えているようです。

そもそもモンテッソーリ教育とは、イタリア初の女性医師であるマリア・モンテッソーリが考案した教育法です。

「こどもは本来自分で成長していこうとする生命力を持っていて、適切な時期に適切な環境が与えられれば、自分の力で成長することができる」

このような考えのもと脳科学や教育学にもとづいた、こどもの成長に効果的なプログラムが数多く用意されています。

私、石田登喜恵は現在、母の上谷君枝とともに、「モンテッソーリ 久我山こどもの家」を運営しています。さまざまな年齢のお子さんが集まっており、好奇心旺盛なこどもたちの成長は、目を見張るものがあります。

じつはもともと私も幼少期からモンテッソーリ教育を受けて育ってきた〝モンテッソーリ・チャイルド〟でした。この教育を受けて強く実感しているのは、自分を信じる力がついていることです。それは、ほかのモンテッソーリ・チャイルドを見ても感じます。

私自身が本格的にモンテッソーリ教育を学ぶようになったのは、イギリス留学を終えたタイミングでした。ヨーロッパではこの教育法をみんな知っており、あらためて興味を持ったのです。

まず3〜6歳のモンテッソーリ国際教師資格を取得し、横浜、上海のモンテッソーリ幼稚園でキャリアを積みました。当時母が運営していた「自然の中でのモンテッソーリ教育 高尾こどもの家」で働いたあと、アメリカで0〜3歳のモンテッソーリ国際教師資格も取得。そして、いまの久我山こどもの家で、母の背中を見ながら多くのお子さんと関わってきました。

母は33年、私は教師になってから23年、モンテッソーリ教育に携わっています。私の2人の息子たちも、モンテッソーリ園に通いました。このように、わが家は公私ともにモンテッソーリ教育とともに生きてきました。そんな私たちに書ける本があるのではないかと思い、おかあさま方に向けた子育ての本を執筆いたしました。

モンテッソーリ教育を身につけたこどもは、実際にどんなふうに育つのでしょうか。モンテッソーリ教育の第一人者だった相良敦子先生の『モンテッソーリ教育を受けた子どもたち』という本に、この教育を受けたこどもたちに次のような共通の特徴があると挙げられています。

- 順序立ててものを考えることができる
- 何をするにも、計画を立て、順序を踏んで、着実に実行する
- 段取りがよい
- 先を見通すことができる
- 一から出発する
- 省略しない
- 状況の読み取りが早く、臨機応変に対処することができる
- わずかな差異に気づき、道徳性が高い

- 1人でたじろがない。責任ある行動がとれる
- 礼儀正しい

わが子がこんなふうに育ってくれたら、とても頼もしいと思いませんか。

モンテッソーリの教えに触れていると、自分でできる力がどんどん培われていくのです。

本書では、0〜6歳のこどもが、自分で考えて動けるようになるための数多くのヒントを紹介しています。モンテッソーリ教育の基礎知識から、親として持っておきたい心がまえ、親子で心がけたい習慣、「こんなときはどうしたらいい？」というケース別悩み相談まで、おかあさまたちが知りたいことに、できるかぎりお答えいたしました。

もちろん個人差がありますので、お子さんの個性をよく見ながら、ご参考ください。

気にいったところから読み進めてみてください。

モンテッソーリ教育に長年携わってきた教師として、そして2人のこどもの母親として、1人でも多くの方にモンテッソーリ教育のすばらしさを知っていただくことで、私たちがお伝えする内容がお役に立てば幸いです。

2018年　5月

石田登喜恵

INDEX

0~6歳

すぐ手助けするより、
じっくり見守る

自分で考えて動ける子になるモンテッソーリの育て方

CHAPTER 0

「モンテッソーリ教育」ってなあに？

CHAPTER 1

こどもを伸ばす親の心がまえ

CHAPTER 2

こどもがスクスク育つ親子の行動習慣

CHAPTER 3

0〜3歳、3〜6歳はどう発達するの？

ためになるモンテッソーリ理論

CHAPTER 4

ためになるモンテッソーリ理論

知ると見方が変わるこどもの「敏感期」

CHAPTER 5

「こんなときどうしよう？」

お悩みシーン別モンテッソーリ流解決のヒント

付録

1人で着替えやすいおすすめアイテム

装丁イラスト／小幡彩貴
装丁デザイン／井上新八
本文イラスト／ｈａｓｈｉｇｏ（silas consulting）
本文デザイン・ＤＴＰ／ＩＳＳＨＩＫＩ
編集協力／星野友絵・遠藤庸子（silas consulting）

CHAPTER 0

「モンテッソーリ教育」ってなあに？

1 モンテッソーリ教育の始まり

モンテッソーリ教育は、イタリア初の女性医師であるマリア・モンテッソーリが開発した、独自の教育法です。彼女は**こどもをよく観察することで、適切な時期に適切な環境が与えられれば、こどもの生まれ持った生命力は自ら成長するということを発見しました。**そして、生理学、人類学的根拠に基づいて、理論が構築されたのです。

１９０７年、ローマのサンロレンツォに、こどもの持っている生命力を育むために、モンテッソーリ教育の初の幼稚園「こどもの家 Casa dei bambini」が開設されました。この園では、環境を整え、まわりの大人がこどもたちの成長をお手伝いすることを大切にしていたと言われています。

その後、マリア・モンテッソーリの考え方は世界中に広がり、さまざまな国で「こどもの家」が設立されました。**「平和はこどもから始まる」ということばとともに平和教育を掲げて活動してきた結果、彼女の活動は国際的にも認められ、ノーベル平和賞にも３度ノミネートされます。**

モンテッソーリ教育を世界中に広めるため、オランダに国際モンテッソーリ協会（Association Montessori International）を創設。教師養成に力を入れ、１９５２年にオランダで死去するまで、モンテッソーリ教育の素晴らしさを伝え続けました。国際モンテッソーリ協会では、現在も教師養成コースをはじめ、世界中のモンテッソーリ教育のレベルを維持するために、たくさんの活動が続けられています。

アンネの日記のアンネ・フランクをはじめ、オバマ元米大統領や、グーグルやアマゾンの創設者など、著名人の多くが、モンテッソーリ教育を受けたと伝えられており、近年、ますます注目を集めています。

2 モンテッソーリの「お仕事」

モンテッソーリ教育では、こどもの成長に必要なさまざまな要素が入っている教材が、棚に準備されています。

それらは、こどもたちにとって「やりたい！」と思う意欲を引き出す教材ばかりです。教材を通して、こどもたち自身が「やりたい」と思う活動を、モンテッソーリ教育では「お仕事」と呼んでいます。

毎日自分の意志で棚から興味のある教材を選び、満足いくまで繰り返し手を動かし、集中し、学びます。

この活動を日々続けることで、学びへとつながっていくのです。

その際、教師は教えるのではなく、こどもたちを見守って援助する役割をします。

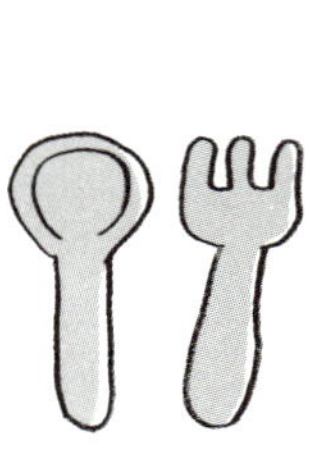

モンテッソーリ教育の「お仕事」は、日常生活、感覚・文化、数、言語という4分野に分かれています。

朝、登園して、クッキーやパンを焼いたり、食器を洗ったり、お花を活けたり、お洗濯をしたり、小動物や植物のお世話をしたり、本を読んだり、文字を書いたり…。

クラス内の活動はさまざまですが、モンテッソーリ教育では、一人ひとりが自分の意志で選んで、やりたいことができる環境が整えられているのです。

また、教材として用意されているものだけではなく、お庭の葉を掃いたり、お部屋の汚れたところを掃除したり、身近なこともこどもの活動になります。

こどもが興味を持って、「やりたい」と思えることすべてがお仕事になるのです。

CHAPTER 0

モンテッソーリ教育って なあに？

3 モンテッソーリ教育はタテ割りクラス

モンテッソーリ教育は、タテ割りクラスで構成されています。1つのクラスに年少さんから年長さんまでが、同じ教室で一緒に過ごすのです。これにはよいところがたくさんあります。

さまざまな年齢のこどもたちが集まっていますから、みんな最初から、身体的にも能力的にも違いがあります。違っていることが当たり前ということで、個々の違いを自然に受け入れることができるのです。

クラスでは、年長さんが年少さんのお手伝いをしている場面をよく見かけます。「お手伝い」といっても、なんでも一緒にするということではありません。隣に座っている年長さんが手も出さず、ことばもかけずに、小さい子のしているこ

とを見守っているのです。小さな子ができなくて困っているところだけ、そっと手を貸します。

そして、お手伝いが必要なくなったら、静かにその場を離れます。

誰かに教わるわけでもなく、年長さんが自分で判断して、そのような関わり方をするのです。

相手の状況を見て、自分の頭で考え、必要なところだけお手伝いをする。

この一連の動きを通して、相手を思いやる心が育つように感じます。

お手伝いをしてもらった子は、今度は、お手伝いをしてあげる側へと成長します。

こうして、こどもたちは、いいつながりの連鎖を自然と学んでいくのです。

4 学びのサイクル

モンテッソーリ教育には、お仕事（＝活動）を通して、「心で知り、意志で選び、手を使って学び、自信がつく」という学びのサイクルがあります。

サイクルは、４つに分かれています。順に解説します。

モンテッソーリ教育は、敏感期（４章で詳しく解説します）と呼ばれる時期に表れるこどもの特徴を考えたうえで、環境が整えられています。こどもは、その環境の中で、まわりの子や大人を見ながら学んでいきます。

まわりを見て学びながら、自分の意志で、したいことを選び、お仕事に取り組みます。

その後、成功や失敗を繰り返しながら、「どうしたらできるか」を何度も模索し、

物事に集中する意志が生まれます。

手や身体を思うように動かせるようになり、たくさんのことができるようになると、「ぼく（わたし）はできる！」という自信がつきます。自信がこどもの心を落ちつかせ、同時に社会性も身につくのです。

この学びのサイクルは、幼児期にとどまらず、大人になっても活きるものです。だからこそ、小さな頃からこのサイクルで学び、自分で選び、決断することを繰り返すことは、自立（他者に依存しないで生きること）や、自律（自分でできると思えること）につながるのです。

学びのサイクルの繰り返しを通して、思いやりのある人、自分に自信が持てる人、社会で自立できる人、自分らしさのある人に成長していきます。

モンテッソーリ教育の学びのサイクル

1. 整えられた環境の中で、まわりの人たちを見ながら学ぶ

2. まわりを見て学びながら、自分の意志でしたいことを選び、お仕事に取り組む

3. 手や身体を使っていろいろなことができるようになり、自信と社会性が身につく

4. 試行錯誤しながら、どうしたらできるかを考え、集中して取り組む力が身につく

CHAPTER 1

こどもを伸ばす 親の心がまえ

1 「結果」より「過程」を大切にして育てる

多くの大人は、日常生活では目的達成や結果を求めて行動していることでしょう。でも、こどもにとってはそうではありません。**こどもは日常生活の過程自体を楽しんでいるのです。**

モンテッソーリ教育は、日常生活を教材にしています。たとえば、**大人は洗濯するとしたら服をきれいにしたいと思うものです。でも、こどもは手や腕や指先を使ってゴシゴシすること、泡や水の感覚を楽しんでいるのです。**

1歳半頃に「やりたい、やりたい」「する、する」と言って、大人の手を払いのけたりすることがありませんでしたか？　大人から見たら「まだできないのに…」と思うけれど、本人は「やるー！」と言って聴かないことがあります。

また、こどもが靴下を脱いだり履いたりを何度も繰り返す時期がありますね。これも、脱いだり履いたりするプロセス自体を楽しんでいるのです。

モンテッソーリ教育の理論には、敏感期というものがあります。生まれ持った力が、自然に成長していくためのエネルギーが花開き、「やりたい！」という気持ちにつながります。これが敏感期によく起こることです。

こどもにとっては、このプロセスがとても大切なのです。

その過程で、身体的にも、精神的にも成長していきます。

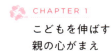

「できた！」と実感できることが、自信や肯定感にもつながります。

興味があるものに、とことん気がすむまで取り組むことで学び、満足し、次のステップに進んでいくのです。

ですから、**私たち親は、こどものプロセスをゆったりと見守ってあげたいですね。**

2 まず、こどもに共感する

誰かに共感してもらえると、「あ、わかってくれているんだ」という気持ちになりませんか？　こどもも同じで、共感してあげると、安心して落ち着きます。

泣く子には、まず「そうだね」と共感しましょう。泣いている理由をことばにしてあげるのも、1つの手です。気持ちを整理してあげるのです。泣きやませようとして何かするのではなく、そこに寄り添うことが一番大事なことです。

話を〝聴く〟〝共感する〟ことは、気持ちを伝えることの大切さをこどもに教えることにもなります。

こどもが話すことを、まわりの大人が注意深く聴く。

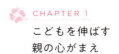

「それは◯◯だったんだね」と共感する。

結論を出すのではなくて、「そうだったんだ」「つらかったね」「楽しかったね」と共感する。

これは、こどもが自分の気持ちを相手に伝えることの大切さを経験できる機会です。

親が共感する姿勢で話を聴くことで、こどもの心に響くのです。


自分の思いを話して共感してくれる人がいれば、こどもは自分を信じる気持ち、自分の人生を肯定する気持ちを身につけることができます。

それには、まず身近な両親からです。心を込めて、目と耳を向けて、わが子の話を聴いてあげてほしいのです。


注意したいのは、話を聴いている親が先回りして「それってこういうことだから、こうじゃないの？」と結論を言ってしまうことです。

こどもは結論を望んでいません。ぜひ共感してあげましょう。

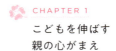

3 失敗を受け入れる

こどもの失敗は、積極的に受け入れましょう。

小さい頃の失敗は、必ずしも悪いことではなくて、むしろいいことかもしれません。とくに乳幼児期は発達が進んでいる最中ですから、間違えながら学んでいることもあるでしょう。

最初から親が完璧を望んでいたら、こどもは失敗できなくなってしまいますよね。

「失敗は悪いこと」ととらえるのは、その子の成長や学ぶ芽を摘んでしまうことになります。失敗や間違いとは、むしろおともだちになることが大切です。

なぜなら、失敗から立ち直る力こそが、人間にはとても重要だからです。

こどもも大人と同じ。失敗とおともだちになり、失敗を恐れない心を持つほうが、

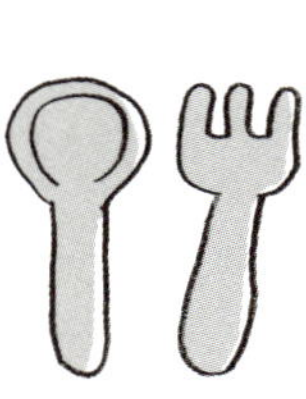

より成功に近づけるのではないでしょうか。

親が「失敗とおともだち、間違いとおともだち」という意識で接していると、親自身もラクですし、こどもも間違いから学べて自立にもつながります。

こどもに失敗させられないからと、なんでも肩肘を張っていたら、世のおかあさんも疲れきってしまいます…。いい加減さ（〝良い〟加減さ）やユーモアの心は、生きるうえでとても重要です。

こどもも親も、「失敗もいいじゃない」というくらいの気持ちで、少しゆったりかまえてみませんか。

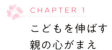

4 こどもを個性を持った1人の人間として扱う

わが子をこども扱いばかりしないようにしましょう。

以前、こんなことがありました。ある女の子が、お祭りで売っている黄色いサングラスをかけたまま登園してきたのです。その子のおかあさんは、「そんなのかけちゃダメよ」と注意しました。

私（上谷）が「どうしてそんなにそのメガネがいいの？」と聴いたら、その子は「これをかけていると、いつもゆうがただから」と答えたのです。

とても素敵な表現だと思いませんか？

こどもが何を考えているかは、本人に聴いてみなければわかりません。頭ごなしに

「それはダメよ」と言うのではなく、まず「どうして、それをしているの？」と聴いてみましょう。こどもはこどもの世界で成長しているのです。

大人の世界があるのと同じように、こどもにも自分の世界があると認めるのが、こどもを尊重することにつながります。1人の個性を持った人間として、こどもを扱いましょう。

5 「できたね」という事実をそのまま認める

「こどもをほめるとき、どんなことばをかけるのがいいんだろう」

おかあさんたちから、このような質問をよく受けます。

モンテッソーリ教育の方針は、「できている事実を伝えよう」というものです。

たとえば絵を描いたときには、「色がいっぱいあるね」「たくさん丸が描けたね」と声をかけます。**あまり過剰にほめると、自分のやりたいことよりも、こどもは「○○をしたらおかあさんはよろこんでくれるんだ」と、おかあさんに喜んでもらいたいという理由で物事に取り組んでしまうことになりかねません。それではこども自身のためではなく、おかあさんのためになってしまうので考えものです。**

絵を描くことは、モンテッソーリ教育では自己表現の方法の1つです。**自己表現を**

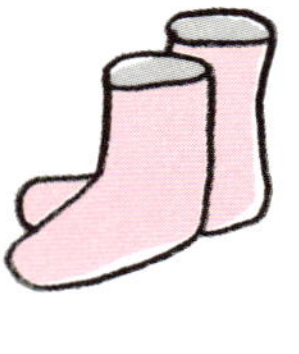

するための絵に対しては、「きれいだね」「素晴らしいね」「すごいね」といったほめことばをかけるより、事実を伝えるだけで十分なのです。

また、親は「すごいねー」といった抽象的なことばを使って、こどもに接しがちです。でも、自己表現として描いているこどもにとっては、何がすごいのかがよくわかりません。

できた事実を伝えるには、こどもが何をして、何ができたのかをよく観察することです。「あ、今日は1人でズボンを履けたね」というように、具体的なことばをかけましょう。

これがこどもを伸ばし、認めるほめ方です。

ぜひ実践してみてください。

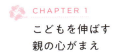

6 こどもが泣いても焦らなくていい

泣き方や状況にもよりますが、こどもが泣くのは必ずしも悪いことではありません。

とくに、ことばがまだ上手に話せない年齢のこどもが泣き出したときには、泣きやませることにエネルギーを使わず、「どうしてこの子は泣いているのか」「どんなふうに自分で解決していくのか」というところをよく見てあげましょう。

ただ、**大人が「どうしたの?」「なんで泣いてるの?」と聴いても、こどもはうまくことばにして伝えられません。そこで、「○○が嫌だったの?」と「イエス」「ノー」で答えられるように問いかけてみてください。**

まだことばを話せない子の場合には、とにかく安心できる状況をつくってあげるといいでしょう。

外出先でも同じです。

何かが嫌で泣いているわけですから、まず泣いている原因を考えます。いつもと違う道を通るのが嫌なのかもしれないし、ものがほしくて駄々をこねているのかもしれないし、疲れてどうしようもなくて泣いているのかもしれない。

その時点でのいろいろな可能性を考えて、原因を取り除いてあげてください。

時と場合によっては、泣きやむまで待てないこともあると思います。そういうときは、どこか静かなところに移動しましょう。家で泣くのとは違い、公共の場で泣くのは、非日常にあたりますから、臨機応変に対応してもいいと思います。

外出先と家の中では、状況の違いを考えたほうがいいこともあるのです。

7 「泣いても焦らない」と「放任」は同じではない

泣いても焦らないというのは、放任とは違います。泣いているこどもを「あ、じゃあ泣かせておいてもいいんだわ」とほったらかしにするのは放任になります。

ある程度ことばを話せるこどもには、「いま、おはなしできないようだったら、泣き終わるのを待つね」「涙がとまったらおはなしを聴くね」と声をかけます。そして、こどもが落ちついてから、話を聴くようにします。放任するのではなく、近くにいてこどもの様子を見守るのです。

赤ちゃんの場合は泣くのが仕事ですから、親が抱っこしてあやしたり、どういう状況かを観察したりするのはもちろん必要です。とくにハイハイ前の子が泣いていたら、

何に対して泣いているのかをよく見てあげましょう。

もしかしたら、体勢が苦しくて泣いているのかもしれません。ずっと腹ばいになっていると背筋の力を使いますから、ちょっと仰向けにしてあげることも必要です。

でも、それもハイハイができるようになるまでのこと。少したてば自力で動くようになりますから、泣いたからといってすぐに手を差し伸べるのではなく、様子を見ながら自分の力でハイハイできる過程を見守るようにしましょう。

おともだちに噛まれて泣く場合はどうでしょうか。

保育園や幼稚園に通うようになると、おともだちに噛まれたりすることもあるでしょう。噛まれた子はびっくりして、怯えてしまいます。そんなときには、「痛かったんだね」「つらかったんだね」とこどもの気持ちに寄り添ってあげてください（噛んだ子にも、人を噛むのはいけないことは伝えます）。

このように、泣き方にもいろいろあります。状況に応じた対応を心がけたいですね。

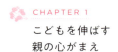

8
ほかの子と比べない

きょうだいがいるご家庭はもちろん、幼稚園や保育園など、集団の中で生活するようになれば、つい、ほかの子と比べてしまいます。

「うちの子はAちゃんよりことばが遅いかも」

「なぜ、Bくんのようにみんなと遊ばないのかしら」

比べないようにしようと思っても、なかなか難しいものです。

ですから、私（上谷）はおかあさま方には

「焦らない」

「ほかの子と比べない」


とお伝えしています。

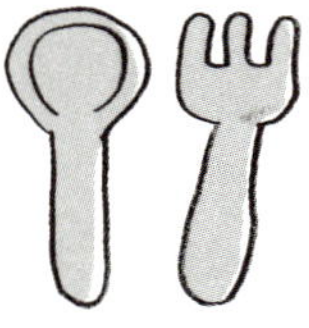

つい比べたくなってしまいますが、比べないほうが、ありのままのわが子を認めることができるようになります。

昔は私（上谷）もほかの子と比べてしまって、娘が小学校3年生くらいのとき、「ママのようにはなりたくない」と言われたことがあります。母親が悩んでしまうのは、みんな同じですね。

わが子を誰かと比べると、「うちの子はすごい」というよりも、「あの子はあんなにできるのに、うちの子はまだできない」と、できないことにばかり注目してしまうものです。

ですから、そうならないためにも、親が意識的に年齢の違うこどもたちと遊べる機会をつくってあげたいですね。

9 こどもがどんなふうに育ってほしいか家族で話し合おう

こどもの成長には、家庭での教育が一番の基礎となります。**自分たちのこどもがどんな人間になってほしいか、どんな生き方をしてほしいかで、自然と教育方針は決まってくるものです。家族で同じ方向を向いていたいですよね。もし向いている方向がバラバラだと、こどもが混乱してしまいます。大きな柱の部分は、「ここは◯◯だよね」と家族で話し合っておきましょう。**

では、具体的にどんな場面で話し合うものでしょうか。

わが家（石田家）には9歳と5歳の男の子が2人いますが、それぞれ個性が異なります。上の子は興味を持つと、すぐ行動に移すほうです。たとえば目の前にボタンがあると、とりあえず押してみたくなります。一方、下の子は「このボタンは押したら

どうなるのかな？」と考えるほうです。

それぞれに違う個性があるので、どんな幼稚園がよいか夫婦でよく話し合いました。その結果、別々のモンテッソーリ幼稚園を選ぶことにしたのです。そして幼稚園の足りない点をどのように家庭で補うかを話し合いました。

とくに学校や習い事選びのタイミングでは、こどもの様子を見ながら、それぞれに合うものを夫婦で考えるようにするといいでしょう。

「今後どういうふうに育てていきたいか」を夫婦間で話し合い、協力し合うことで肩の荷も軽くなります。

子育ては悩みの連続でもあります。おかあさんが息詰まったときに、家族で相談できることが、みんなのしあわせにもつながるのではないでしょうか。

10 こどもと一緒に成長しよう

「親としてしっかりしなきゃ！」と、ずいぶん肩肘張っているおかあさんをよく見かけます。でも、大切なのは、こどもと一緒に成長していくことです。

こどもが成長しているのと同時に、大人は親になる勉強をしていると言えます。私たちは、こどもの成長を通して親にならせていただいているのですね。

はじめから親になっていたわけではなく、こどもが生まれて初めて親になるわけです。そこで何が大事かというと、こどもは生まれ持った自分の力で成長し、その様子を見て、私たち親も成長していくということです。

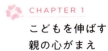

ですから、こどもとともに成長し合おうという気持ちでいればいいと思うのです。
ぜひ、肩の力を抜いて、こどもに向き合いましょう。

CHAPTER 2

こどもがスクスク育つ親子の行動習慣

1 できないことだけお手伝いをする

こどもが困っていたりすると、つい親はいろいろやってあげたくなってしまうものですね。でも、ぐっとこらえて、できないところだけ手を貸してあげるようにしましょう。

こどもたちはおともだちを助けたい、いろいろなことを教えてあげたいと思っているものです。でも、私たちは「Aちゃんができないところだけお手伝いしてあげてね」と伝えます。必要なところだけをお手伝いしたほうがいいからです。

これが本当の助けとなります。

「できるところまではやってみて。できないところだけお手伝いするね」と伝えると、

こどもはできるところまで一生懸命チャレンジしようとします。そして、できないところで「てつだって」と言ってくるのです。

このように、大人が先回りせず、こどもにゆだねて選択してもらうことは、人間の尊厳を尊重していることにもなります。

モンテッソーリ園では、5～6歳の年長さんが年少さんのお手伝いをするとき、じっと待って本当に必要なところだけをサポートしている姿をよく見かけます。本当に素晴らしいなと感動します。このように、日頃からこどもたちと接していると、「大人もぐっとこらえるのがいいな」と感じます。

私たち親も、そうありたいものですね。

2 こどもの前で卑下しない

大人同士で話をするとき、つい「うちの子はまだまだだから」と卑下してしまうことはありませんか？

本人は謙遜のつもりかもしれませんが、この行動は黄色信号です。なぜなら、こどもはことばのシャワーを浴びて吸収しているからです。

たとえば親が「うちの子なんかまだまだできない」と言うのを耳にしたら、こども自身が「そうか、じぶんはまだまだなんだ」と思ってしまいますよね。

わが子がいる前で自分のこどもを卑下することは、大人の世界では成り立っても、こどもの世界では成り立ちません。しかも、こどもは一度言われたことをよく覚えていますから、とても傷つきます。

こどもはよく見ているので、「おかあさんは、おとなとぼく（わたし）にはなすことがちがう」ということも理解します。つまり、こどもに対して「裏表のある二面性を持つのはOKだよ」と教えているようなものなのです。こどもにとって、よくない例を見せていることになりますね。

親が嘘をついている姿を見せたら、こどもは「あ、うそはついていいんだな」と思ってしまいます…。

こどもは、大人が思う以上にさまざまなことを見て、吸収しているのです。

3 歩くことでこどもの興味を発見する

こどもの成長にとって、歩くことはとても重要です。ぜひ一緒に歩いて、こどもの興味を発見しましょう。

大人は目的地に一番早く着く道を通りたいもの。でも、こどもは早く着くことよりも、楽しい道を通って行きたいものです。ふだんから「あ、ここに、はながさいている」「あそこに、むしがいる」「はっぱがある」「きがある」「みずたまりがある」…と、いろんなことを発見しながら歩いているのです。

親がこどものペースに合わせて歩くと、わが子が「いま何に興味を持っているか」「どんなことが好きなのか」ということが見えてきます。一緒に歩いて出かけることは、

親子がわかり合う時間になるのです。また、登園するときには「白線の中を歩くんだよ」と公共機関のルールを教えることもできます。

一緒に歩くときに心がけたいのは、こどもを急かさないこと。「早く歩きなさい」とうながすのは、こどもの学びの機会を奪ってしまうことにもなります。ある程度、時間に余裕のあるときに、ゆったりした気持ちで歩くことを楽しみましょう。

自然の風や小鳥のさえずり、季節の移り変わりを歩きながら感じて、さまざまな色を目にしたり、さまざまな音を耳にしたりすることで芸術性も養われていきます。

保育園や幼稚園の行き帰りだけでなく、お休みの日にハイキングへ行ったり、小さな山を登ったりして土を踏ませるなど、自然の中で原体験（自然物を素材にした五感を使った体験）を積ませてあげたいですね。

4 フィクションよりも先に現実に触れさせる

モンテッソーリ教育には、「すべてにおいて本物を先に与えなさい」という考えがあります。

こどもが小さい時期に原体験を積ませ、本物を与えることは、言語能力や感覚能力を育てるためにもとても大切なことです。まず現実の世界を知ってからフィクションを取り入れるようにしなければ、こどもは混乱してしまいます。

映画やテレビなどでは、実際の街並にフィクションが入っていることがよくあります。たとえば映画などでは、実際に自分たちが住んでいる街にヒーローが登場したりします。本物の現実世界をよく知らないこどもにとっては、それが現実なのかフィク

ションなのか区別がつきません。

ですから、「現実＝自分たちの住んでいる世界」を理解することが先のほうがよいのです。

おかあさん方から

「こどものテレビはどのくらい見せていいんですか？」

という質問をよく受けます。

「まったく見ないというのも難しいと思うので、30分～1時間など時間を区切って見せてはいかがですか？」とお答えしています。

ただ、もしかしたら、テレビが1日中ついているご家庭もあるかもしれませんね。もし、常にテレビ映像が流れている状況なら要注意です。テレビをつけっぱなしにするのは、ずっと見ているのとほぼ同じことになってしまうからです。

私たちの世代（上谷）では、テレビやゲーム、パソコンなどの電子機器は、なくても生活できました。でも、現代のこどもたちは、それらと共存していかなければいけません。ですから、少なくとも食事中にはテレビをつけないようにしたいですね。

こどもの興味が食事中に流れているテレビに向かっているときに、「食べなさい。食べなさい」と言っても、食べないのは当然のこと。食べることを楽しむひとときが食事の時間です。

家族と一緒に会話をしながらごはんを食べるというのは、幼いうちでしかできないこと。せっかくですから、食事中はテレビを消して、家族団らんの時間にしませんか。

5 どんどん外遊びさせる

こどもは、どんどん外遊びさせましょう。

モンテッソーリ教育は「本物」に触れることを大切にしています。本物とは、ファンタジーの世界ではなく、現実に存在する物のことを指します。

本物は自然の中にたくさんあります。公園に行くことももちろんそうですし、風の音、鳥のさえずり、葉っぱの色や形、土のにおいなど、日本の四季を感じられるのも外遊びならではです。

こどもは虫などの小動物も大好きです。ダンゴムシやアリ、カエル、ミミズなどに触れることも大切な本物体験です。外遊びで、本物の自然に触れる機会をたくさん持

ちましょう。

私たちの「こどもの家」がかつて高尾にあったとき、乗馬クラブに行くことがありました。そこには裏山があって、坂を上って、馬に乗り、お弁当を食べました。ちょっとした公園内の山でしたが、山に登るのは都会ではできませんし、貴重な体験でした。

大きな運動もして、「お仕事」などの小さな活動もすることが、こどもの身体の成長に一番いいバランスの取り方ではないでしょうか。こどもには、できる範囲で自然に触れる外遊びをするのをおすすめします。

6 水遊び、泥遊びはこどもの成長に大切なものがいっぱい

水遊びと泥遊びは、こどもが健やかに育つための重要な通過点です。

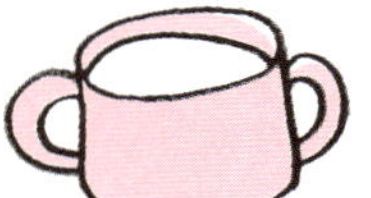

なぜなら、水遊び、泥遊びはこども自身が自由にコントロールできるものだからです。こどもは想像力を働かせて水遊びや泥遊びをします。ですから、泥や粘土などを身体や手で感じ、頭を使ってクリエイティブに遊ぶのはとてもいいことです。

こどもたちは、砂場でよく砂に水を加えてドロドロにします。その遊びには、重さや、冷たさなどの温度、力の加減で泥の形が変わるといった感覚がすべて詰まっています。そういった積み重ねによって、脳が育まれていくのではないでしょうか。

砂場は、何人かで遊ぶことが多いので、社会性も身につきます。ある子が一生懸命に砂でトンネルを作っているとき、「ようやくできたな」と思った瞬間に、小さい子が足を入れて壊してしまったり、違う子が水をかけて崩してしまったり…といった体験を通して社会性が育つのです。

中には、ドロドロの感覚を嫌がる子もいるでしょう。でも、こどものときはむしろドロドロの感覚を経験したほうがいいのです。手について汚いからといってすぐ洗い流すのではなくて、汚くても遊ぶ。ドロドロだけど、楽しいから遊ぶことで、学べることがいっぱいあります。

詳しくは4章で解説しますが、敏感期のこどもには、楽しみながら学べる時期があるのです。

このように、いろいろな感覚を通していろいろな経験をすることは、小さい時期には本当に大切にしたいものですね。

7 こどもといるときはスマホはなるべくお休みしよう

こどもと一緒にいるときに気をつけたいことの1つが、スマートフォンの扱いについてです。最近では、電車でもレストランでも、スマートフォンに夢中になっている大人が多いですよね。

こどもがおかあさんに話しかけても、おかあさんには聴こえていないということも…。そういう場面を見かけると、家でもこどもの話を聴いていないことが多いのではないかと、心配になってしまいます。

では、どうしてスマホがこどもの心のリスクになるのでしょうか。

母乳をあげているとき、こどもは一生懸命おかあさんのほうを見ている一方で、おかあさんはスマホやテレビなどに気をとられていることがあります。

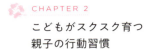

たとえば、あなたが夫に一生懸命話を聴いてほしいとき、相手がスマホやテレビを見ていたらどう感じるでしょう？ これと同じ思いを、こどもにさせることになってしまいます。

とくに0〜2歳のときは、「自分のことをきちんと見てもらいたい」という発達段階にあります。自分の思っていることをきちんとことばにできないこの時期にこそ、こどもの気持ちをことばにして話しかけてほしいのです。

「おいしかった？」

「おもらししちゃって嫌だったね」

ぜひ、そういう会話をしてあげてください。

人間にとって、〝人の話を聴くこと〟は、コミュニケーションの基礎です。少なくとも食事のときには、スマホの音が鳴らないようにして、手元から離してみませんか。

CHAPTER 2

こどもがスクスク育つ
親子の行動習慣

CHAPTER 3

ためになるモンテッソーリ理論

0～3歳、3～6歳はどう発達するの？

1 発達の4段階

マリア・モンテッソーリは、人間が成長するうえで、身体的・精神的に4つの大きなステージに分けられることを発見しました。

4つのステージは、それぞれ幼児期、児童期、思春期、青年期（成熟期）に分類され、「発達の4段階」と呼ばれています。

- 幼児期（0～6歳）：大きく成長する時期。たくさんの「敏感期」がある時期（4章参照）で、自然のものに触れて五感を味わう体験（原体験）が大切
- 児童期（6～12歳）：ともだちが大切になる時期。現実世界での活動を土台にしながら想像力も豊かになる。この時期に、モラルと道徳心が育まれていく
- 思春期（12～18歳）：心身ともに大きく変容していく時期。農業などで土に触れた

変容期

幼児期

身のまわりにあるすべてを吸収する時期

0～3歳　無意識にすべてを吸収し、獲得して、習得する
3～6歳　0～3歳で吸収したことを、確立、定着させる

↓

安定期

児童期

集団の中で学ぶ時期

6～12歳　価値観を築いたり、モラルを知る時期でもある

↓

変容期

思春期

理性より感情が勝る時期

12～18歳　アイデンティティを求める時期でもある

↓

安定期

青年期

18～24歳　社会の中で
自分の居場所を探していく時期

り、集団の中で暮らしたりすることも経験する

- 青年期（18～24歳）：社会に貢献できる存在へと育っていく時期

この4つの段階を経て、こどもは成長していきます。

本書では、とくに0～6歳までの幼児期の過ごし方について解説しています。

モンテッソーリ教育では、生まれてから24年間を発達が著しい時期だととらえており、4段階に分けています。その中でも、「敏感期」が訪れる0～6歳の間は、とくに成長が著しいため、大切な時期だと考えられています。

2 0～3歳の特徴 自己肯定感が育まれる

0～3歳の時期は、努力せずとも無意識のうちに、見るもの、聞くもの、触れるもののすべてを吸収するという特徴があります。とくに、ことばや生まれた国の文化に関するものを取り込んでいきます。

こどもが持っているこの力のことを、モンテッソーリ教育では「吸収する心」と呼びます。

0～3歳の子に大切なのは、家庭での安心感を感じられることです。この時期は、発達心理学者のエリクソンが提唱した「ベーシックトラスト」という基本的信頼感をつくる時期でもあります。

ベーシックトラストには、自分を信じる力と、自分が生きている世界を信じる力の

2つが含まれています。健やかに育まれていくと、こども自身が「自分は愛されている存在だ」「自分が生まれてきた世界はよいところ」という自己肯定感を実感できるようになります。

具体的には、生後8週目から歩き始めるくらいまでに、「自分を信じる力」がついてきます。その後、「自分はできる!」という経験を通して、自己肯定感が育まれていきます。

この時期の後半になると、自我が芽生えてきて、自分と他者を分けるために、「イヤ! イヤ!」と言い出す、イヤイヤ期も始まります。

CHAPTER 3

ためになるモンテッソーリ理論

0～3歳、3～6歳はどう発達するの？

3

3~6歳の特徴

楽しみながら心と身体がつくられる

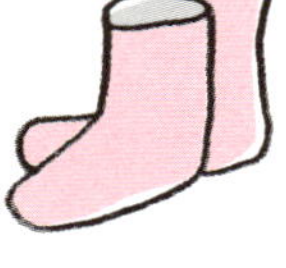

3~6歳は、0~3歳で無意識に吸収してきたものを、より具体化し、洗練させていく時期です。

たとえば0~3歳のときに吸収したことばを、表現するようになっていきます。また、自分の思うように手や身体を動かせるようになってきているので、より細かい活動や正確な動きをしようとします。

さらに、**自分が楽しみながら物事に取り組むという特徴もあります。楽しんで動きながら、身体と心をつくっているのです。**

また、3~6歳は、多くの敏感期（4章参照）を経験する時期でもあります。

０～３歳までは母親を中心とした環境に身を置いていましたが、３歳以降になってくると、１人でできることが増え、自立が始まります。

この時期に現実世界のものに、より多く触れさせてあげることで、たくさんのことが学べるのです。

4 日常生活で脳が育まれる

1～3歳くらいまでは、日常生活で必要なことを身につけるのに適した時期です。

なぜなら、楽しみながら取り組むことができる時期だからです。
日常生活で必要なことには、洋服の着替え、おむつからパンツへの移行、トイレットラーニング、食事の仕方、あいさつの仕方などがあります。

じつは、この日常生活を身につける習慣が、その後の脳の発育に多大な影響をもたらすということが、モンテッソーリ教育学者の相良敦子さんの著書『モンテッソーリ教育を受けた子どもたち』（河出書房新社）で触れられています。

たとえば、パンツを履けたことで、脳は動作を覚えることの喜びを体験します。

「パンツを握って、片方ずつ足を通して履く」「こうしたほうが、もっとスムーズに履ける」といったことを学んでいくことで、結果的に高い学習能力を身につけることにつながります。

まさに、この時期に日常生活の1つひとつの行為を自分でできるようになることが、脳の思考回路を効果的に形成し、思考力や学習能力を育むことにまで影響するのです。

こどもが日常生活で身につけることを、大切にしたいですね。

5 自己選択で思考回路が育つ

モンテッソーリ教育では、自分の意志で選ぶことを大切にしています。なぜなら、脳は自らの意志で選ぶことに喜びを感じ、集中することができるからです。

毎日どんな活動をするのかも自分で選びますし、何かが起こったときも、なるべく選択肢を与えて、こども自身で選べるようにします。このように**自分で選択することを繰り返すうちに、脳の思考回路も育っていくのです。**

この時期には、こどもに寄り添って、できないところをわかりやすく見せることがおすすめです。

プロセスを通してさまざまなことを学んでいる最中ですから、上手にできるかどうかの結果を求めるのではなく、ゆっくり見守りたいですね。

6 こどもの発達に大きな影響を与える「着替え」

おかあさん方の中には、1歳半くらいの小さな子が洋服や靴を脱いだり履いたりすることは〝手伝ってあげるもの〟と思い込んでいる人もいるのではないでしょうか。でも、じつはこの時期に大切なのは、自分でできるように見ていてあげたり、待ってあげたりすることなのです。

自分でパンツを履くだけでも、脳や心の発達に、大きな影響を与えます。

行動神経学の研究者である中村裕子氏も、オムツでの排泄から自力での排泄行為を学習することや、食事の仕方、手の洗い方、挨拶の仕方、就寝の仕方など、日常生活の行動を身につけることが、私たちにとっての初めての本格的学習体験になると述べています。

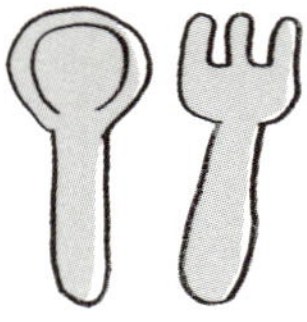

この日常生活の行動を身につける学習が、その後の脳の発育にもたらす影響は大きいのです。たとえば「パンツがはけた！」といった日常生活行動を身につけることの喜びを体験した脳は、効果的な学習（情報処理）回路がしっかりと形成され、高い学習能力を持つようになるというのです。

ズボンやパンツを履くという行為が、いかに脳を使っていることなのかがわかりますね。

服の着替えは、初めての自己学習体験です。着替えをするには、手も脳も使います。ズボンを自分で持ち、足を入れて引っ張る動きは、小さいこどもほど、楽しく習得できるように思います。

では、**こどもの着替えがうまくできるようにうながすために、親はどんなことができるでしょうか。**

ひと言でいえば、着替えやすい洋服を選ぶことです。

「トイレに行ったとき、うまくできるにはどうしたらいいのかな」と考えれば、脱ぎやすい洋服でないと、間に合わないことに気づきます。こどもは、尿意がぎりぎりになってからトイレに行くことが多いからです。

ボタンがきつく締まっている服や、こどもの手でつけ外しできないホックがある服では、せっかくトイレに行っても失敗してしまいがちです。

これは本人にとっては、とてもつらいことです。

おすすめは、ウエストがゴムになっていたり、引っ張ったらすぐ脱ぎやすい洋服にすること。

もちろん下のズボンだけでなく、上の服もパンツも脱ぎやすさが重要です。

「着替えが自分でできる」ということは、自立にもつながります。

さらに、トイレットラーニングが、自分でできたという達成感や、自己肯定感につながります。

見た目ではなくて、着替えやすさを優先して服を選びましょう。1人で着替えられるようになってから、好きな洋服を自分で選ぶようにすればいいのです。

CHAPTER 4

ためになるモンテッソーリ理論

知ると見方が変わる こどもの「敏感期」

1 「敏感期」ってなあに？

「敏感期」ということばを聞いたことがあるでしょうか。

敏感期は、マリア・モンテッソーリが発見したもので、モンテッソーリ教育の大切な考え方の1つです。すべてのこどもが持って生まれてくる、生きる力を育てる時期ともいえます。

敏感期を迎えたこどもは、ある限られた期間に、ある目的に対してだけ、とても強い感受性（こだわり）を持ちます。何度も同じことを繰り返したり、興味を示したりするのです。

この時期のこどもは、やりたいときに、やりたいことを楽しく学ぶことができるの

ためになるモンテッソーリ理論

知ると見方が変わるこどもの「敏感期」

で、親としてこどもが関心を持ったものには、触れさせてあげるといいでしょう。楽しみながら学ぶことで、人格形成や精神形成にもいい影響をもたらします。

敏感期にこどもが持つこだわりには、たくさんの種類があります。いくつかのものが重なって現れることもありますが、どれも一生続くわけではありません。その期間を過ぎてしまえば、「そんなことあったかな？」というくらい気にならなくなります。

また、敏感期に出てくるこだわりは誰にでも訪れますが、その時期に使わなければ、消えてしまいます。

とくに0〜6歳までに、いろいろな敏感期が集中しています（次ページ表参照）。言語の敏感期は、脳科学の研究においても、とても大事な時期で、言語の脳回路が発達する時期だと言われています。

こどもの敏感期について知っておくと、大人はこどもの成長を援助するヒントをたくさん得ることができます。

では敏感期に見られる特徴には、どんなものがあるのでしょうか。

ここでは代表的な9つを紹介します。

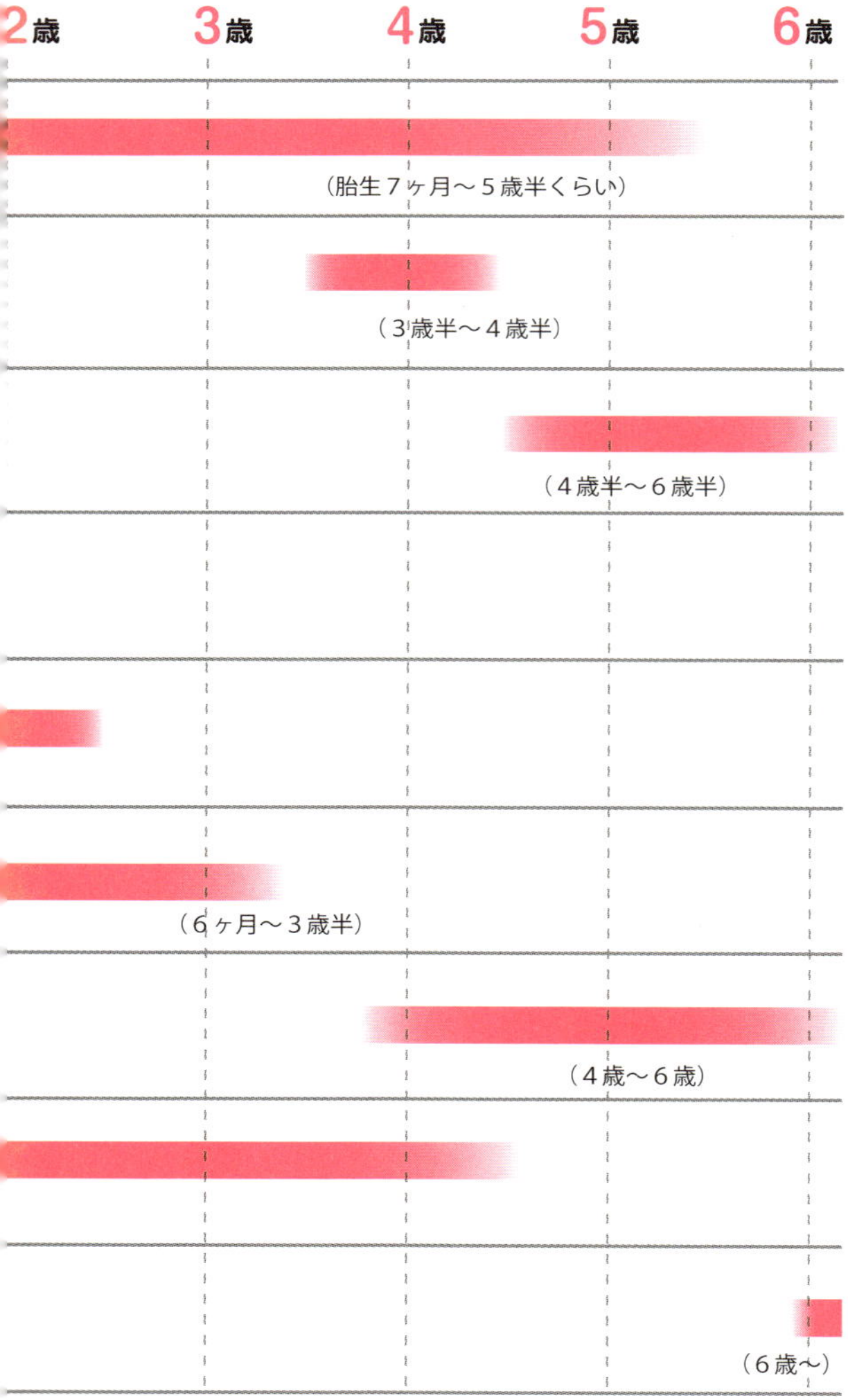

代表的な敏感期の特徴

胎内　誕生0歳　1歳

言語
胎内でまわりの声を聞いている
周囲のことばを簡単に習得できる時期

書く
この時期までに3本指（人差し指、中指、薬指）
を自由に動かすことができると、スムーズに
書くことへ移行できる

読む
読むことで、楽しみ、悲しみなどを想像し、
理解することにつながる

離乳
食べているものに興味を持ち始める。
母乳以外の新しい味を紹介するのにいい時期
（6ヶ月くらいから始まる）

秩序
順序・場所・やり方・物などにこだわる。
いつもと同じことが安心な時期
（1歳半～2歳半くらいがとくに強い）

感覚
見る・聴く・触る・嗅ぐ・味わうなどの
感受性が研ぎ澄まされる時期

数
多い・少ないなどの量、
日常生活の中の数的な要素に敏感になる

運動
自分の意志で動かせる身体をつくる。
頭から指先までよく動かすことが大切
（6ヶ月～4歳半）

文化の習得・集団・モラル
ともだちやグループで何かをすることが
楽しくなり、モラルや道徳心が働く

※月刊クーヨン09年9月号の図（深津高子さん監修）を基に作成

2 敏感期中のこどもはどんなことにこだわるの？

前の項目で、敏感期のこどもには特定の強い感受性が現れることをお話ししました。

「言語の敏感期」には、話す・書く・読むの3つがあります。

敏感期中のこどもは、お話しするのが大好きです。

お子さんを見ていると、一日中話していたり、道を歩いていたら看板の文字を一生懸命読んでいたり、絵を描きながら文字らしきものを書いている…ということがありませんか？

これは言語の敏感期を迎えているサインかもしれません。

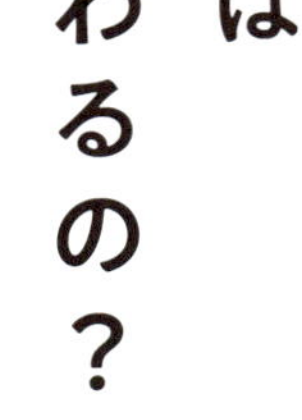

「運動の敏感期」には、親指、人差し指、中指を使って小さいものをつかんだり、

つかまったりします。この指先の運動は、ゆくゆくは3本指を使う鉛筆や箸の動きにもつながります。ですから、この「つまむ」という動作はとても大切なのです。

また、身体を大きく動かす運動の敏感期でもありますから、公園などで身体を動かすのもいいですね。


「秩序の敏感期」はどうでしょう。

毎日同じ道を歩いて幼稚園に通っていたのに、いつもと違う道を通ると、激しく大泣きして「ヤダ！　ヤダ！」と言ったりすることなどありませんか？

これは、毎日同じであることが心地よく安心なのに、ある日突然違うものに出合うと混乱してしまうからです。


こどもにとっては、いつもと違うことがイヤなのです。

「いつもと同じ＝秩序感」がこどもに安心感を与えているのです。


「秩序」に関しては、まわりの大人が理解すると、対処できることも多くあります。

なるべく毎日決まった過ごし方をしたり、洋服を脱いだり着たりする順序をいつも同じにしたり、決まった道順を通るようにするのがおすすめです。

大人ができることは、こどもなりの「秩序」を理解したうえでゆっくり、あたたかく見守ってあげることです。

知らないと親が戸惑ってしまうこともある、こどもの敏感期。

余裕を持って眺めながら、「いつになったら、こだわらなくても大丈夫になるのかな？」と楽しめたらいいですね。

この秩序の敏感期と、いわゆる「2歳のイヤイヤ期」というのは、じつは別のものです。2歳児のイヤイヤ期は、自分と他者とを分離する時期で、何に対しても「イヤ」と言います。母親と自分は別の人間であることや、他者の存在を意識し、理解する過程で、イヤイヤ期が発生するのです。

本当はイヤなわけではないのに、「イヤ！」と言うことで相手がどういうリアクションをするかをはかっているところもあります。

ためになるモンテッソーリ理論

知ると見方が変わるこどもの「敏感期」

イヤイヤ期は生後18カ月頃から始まります。これは、自分と他人を分離するための「イヤ」ですから、だんだん「○○ちゃんの」から「ぼくの」「わたしの」という言い方に変わっていきます。

こうして、自分と他者との分離ができて、「これはわたしのだ」「それはあなたのだ」ということがわかるようになると、だんだん「イヤイヤ」もおさまっていくでしょう。

CHAPTER 5

「こんなときどうしよう?」

お悩みシーン別 モンテッソーリ流 解決のヒント

Q1 食べ物で遊んだり、スプーンを投げたりして、ごはんを食べないとき

A1 食事のときにやってはいけないことを伝えよう

3歳までは、なんでも自分でやりたいときです。自分で食べられるように、こどもサイズの食器を用意してあげましょう。また、準備を手伝ってもらう棚は、お皿を出しやすいように、お子さんが自分で取り出せるものだけにしておく工夫も必要です。

食事の量は、食べきれる分だけをお皿によそい、盛りすぎないようにしましょう。食べ終わって、もっと食べたいならば足してあげる。これは、「全部食べきる」という喜びのゴール設定をするためです。スプーンなどがまだうまく使えない場合、お皿に盛りすぎるとぐちゃぐちゃになってしまいます。でも、少量であれば上手に口に入れることができ、失敗が少なくなります。

食事のマナーも、きちんと教える必要があります。思いどおりにいかなくて、スプーンを投げたときは、「スプーンは投げません」とこどもに伝えます。

「スプーンは投げません。投げるのはボールです」「スプーンは投げるものではありません。食べるときに使うものです」とはっきり説明しましょう。

Q2 ごはん前やごはん後に「おやつたべたい」と言うとき

A2 何か別の理由がないか、探ってみよう

ごはんを食べる前や食べたばかりなのに、お子さんが「おやつを食べたい」と言うことがあります。まず、おやつの時間をしっかり決めて、だらだらと食べさせないことが大前提です。

ごはんを食べたあとに「おやつをたべたい」と言う場合には、「おやつの時間に食べましょう」と伝えます。泣いたとしても、「だって、おやつの時間はまだだよね？」と言いましょう。

でも、**食べたばかりなのにおやつを食べたいと言うなら、本当の目的はおやつでは**

ないことも。たとえば、抱っこしてもらいたかったり、おなかが気持ち悪かったり、何か別の理由があるのかもしれません。

お子さんが食事前に「おやつを食べたい」ということもよくあります。わが家（石田家）でも、食事前にこどもにおやつを食べさせたことがあります。でも、そうすると食事を食べなくなります…。やはり栄養分をとるという意味では、ごはんをしっかり食べることが大切です。

こどもは甘いお菓子が好きですから、それでおなかがいっぱいになってしまいます。

ですから、食事をしっかり食べること。こどもが成長する身体をつくっているときだからこそ、栄養についてとくに考えたいところです。

三度の食事を、しっかり食べてこそのおやつであることを忘れずに。

Q3 せっかく買ったおもちゃで遊ぼうとしないとき

A3 数を絞っておもちゃを与えよう

こどもがせっかく買ってあげたおもちゃで遊ぼうとしない。**まずは、お子さんが何に興味を持っているか、どんなことが好きなのかを見つけることが大切です。そして、おもちゃの数を制限してみましょう。数多く与えるのではなく、いま興味のあるおもちゃだけを選び、そのほかのおもちゃはストックとしてしまっておくのです。**

じつはおもちゃが多ければ多いほど片づけが難しくなるので、お子さんはストレスを抱えてしまいます。お子さんが選べる範囲の数で十分なのです。その数は年齢によってもその子の興味によっても変わりますが、たとえば0〜2歳なら5〜6種類くらいを目安としていかがでしょうか。

まだ歩かないハイハイの赤ちゃんなら、安全な5～6種類のガラガラに、ボールを加えて6～7種類を1つのかごに入れておきます。しばらくして、「興味がなさそうだな」「最近はこれで遊んでないな」というおもちゃは入れ替えます。

歩き始めるようになってからは、自分が棚から持ってきたものを戻せるぐらいの数のおもちゃを選ぶようにします。

動けるようになると、扱える数も興味の数ももちろん増えますが、その子が自分で片づけられる数を目安にするとよいでしょう。

たとえばレゴは、自分で創造したものを形にできるおもちゃですね。こういった、何かをつくり上げられるようなおもちゃを選んでおくと、どんどん新しいものを買い与えなくてもよくなるかもしれません。

そのほか、自分でデザインをしたり、縫ったりするおもちゃは、こどもに好まれやすく、長く遊ぶようです。

いったん飽きたとしても、「またあれ出して」「あれどこいった?」と言って、再び遊び出すこともあります。形を自由自在に変えられたり、デザインや色も自分で考えて創造できるおもちゃなら、長く遊べます。

粘土は、手を使って自分の思うとおりのものがつくれる素晴らしいおもちゃです。正解がなく、自分の世界をつくることに没頭できるものでもあります。**粘土や積み木、お絵描きは、お子さんが自己表現できる遊びの道具として、いつも身近に置いておくのがおすすめです。**

小さいおもちゃで遊ぶ場合には、こどもが誤って口に入れないようにだけ、大人が注意しましょう。

CHAPTER 5
「こんなときどうしよう？」
お悩みシーン別モンテッソーリ流解決のヒント

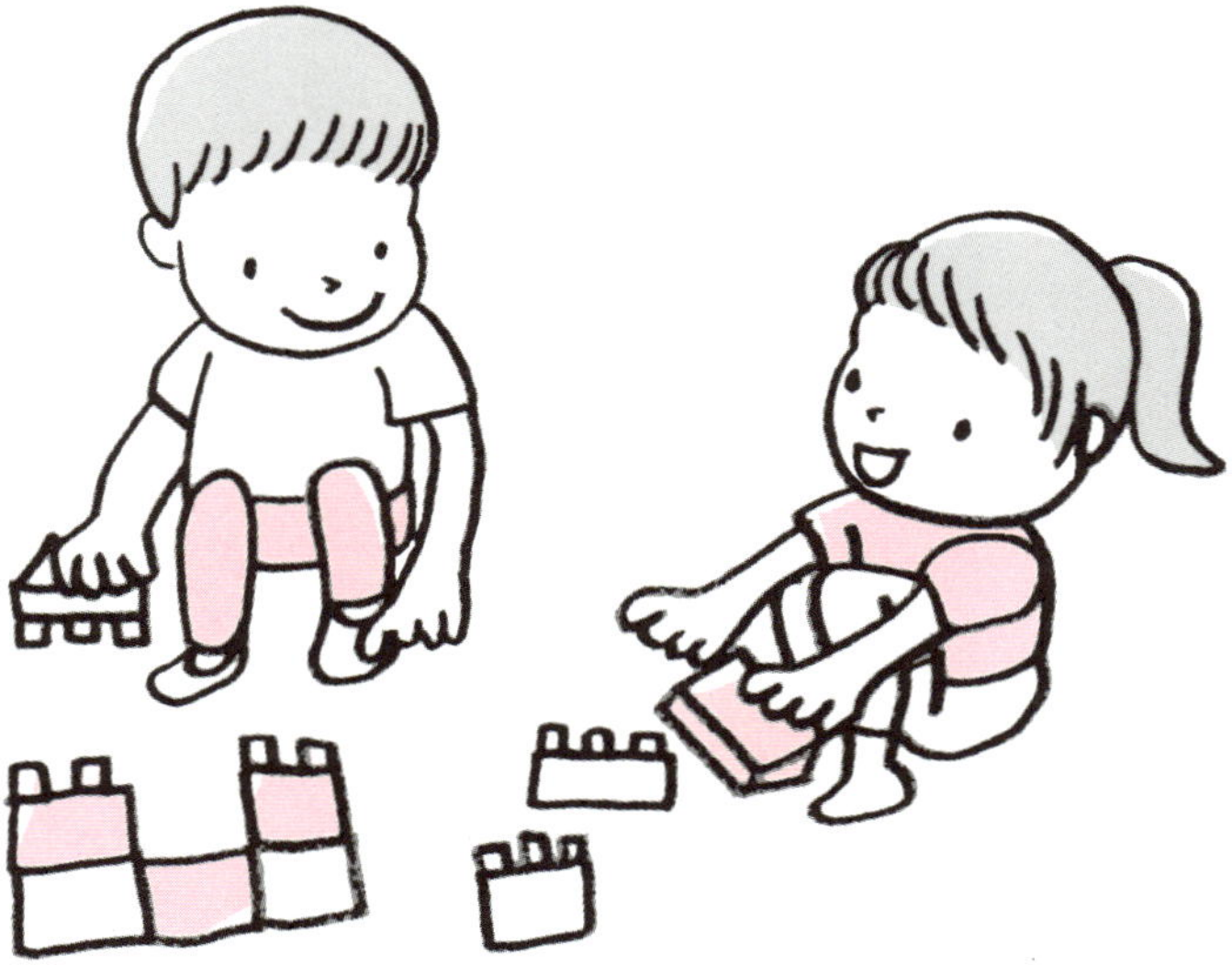

Q4 1人遊びしかしなくて、みんなと遊ばないとき

A4 みんなと遊ぶ機会を増やそう

お子さんが1人遊びしかせず、みんなと遊ばないのには時期も関係あります。よちよち歩きやハイハイのときは、周囲の人にあまり興味を示さないことが多いですよね。こどもが何か自分でできるようになると、違うものに興味を示します。その代表が「おともだち」です。1人遊びは年齢にもよるもので、あって当然なのです。

でも、お子さんがいつまでも1人遊びしかしないと、「うちの子、みんなと遊べないのでは？」と心配になることもあるでしょう。これは、それまでの0～3歳までの間にどんな遊び方をしていたかにも関係あるかもしれません。

いままでずっと1人で遊んでいたのに、「大きくなったから、みんなと遊びなさい」

と突然言われても、できないのが当たり前です。まわりと遊べるようになるのも、小さいうちからの経験の積み重ねがあって成り立つものです。


おかあさんにとって子育ての山は2つ。

1つは、おかあさんと離れて1人になるとき。

もう1つは、おともだち関係です。

人間関係は、お子さん自身がつくり上げていくものです。親がこどもにプレゼントできません。ですから、小さいうちからおともだちと遊ぶチャンスを与えてこどもがいろいろ経験し、人間力をつけていくことが大切なのです。

お子さんがおともだちと触れ合う環境を見つけることが、親として一番してあげられることかもしれませんね。


こどもの関係は、こども同士の中でしか学べないものです。

これは、大人になっても同じですね。

Q5 ともだちのおもちゃを取ったり、壊したりしたとき

A5 お互いの意見を聴き、結論は大人が出さない

お子さんがおともだちのおもちゃを取ったり、壊したりしたとき。まず心がけたいのは、お互いの意見は聴くけれども、大人が善悪の結論はつけないようにすることです。

「あなたが悪いのよ」「あなたは謝りなさい」という介入の仕方ではなくて、「あなたはどんな気持ちだったの？」と聴いて、それぞれに共感し、認めてあげましょう。

おもちゃを取ってしまった子の気持ちも、取られてしまった子の気持ちも認めてあげて、そこで事実を確認するために大人が介入するのです。大人が結論を出さないことは、さまざまな状況でも共通の基本スタンスです。

噛んだ・噛まない、ぶった・ぶってないという場合も同じです。両方の話を受け入れてあげて、共感しながらお互いの話を聴きましょう。

なぜ、大人が結論を出さないほうがいいかというと、最初から最後まで私たち大人が見ていたわけではないからです。

ついつい泣いている子より、ぶった子のほうが悪いという判断をしがちなのですが、その前にはいろいろなプロセスがあって、もしかしたら泣いている子が先に叩いたのかもしれません。

このように、こどものケンカは、何が原因だったのかわからないことが多いものです。お互いの話を聴いて、気持ちを理解し、共感して両方の気持を確認するという介入の仕方を心がけましょう。

また、ケンカは学びのチャンスでもあります。おもちゃの取り合いは、2〜3歳になればよく起こります。いわゆる「イヤイヤ期」には、おともだちが使っているものがほしくなるものです。これは、自分以外のおともだちに興味を持っていることの表れでもあります。

親である私たちは、それをわがままととらえず、いい学びを経験していると思って、あたたかく見守ることができるといいですね。

とくにイヤイヤ期には、こどもは何回も同じことをするはずです。でも、そのたびに「おともだちが手に持っているおもちゃは取りません」と声をかけ、時には「違うもので遊ぼうか」と提案してはどうでしょう。

声をかけるときに注意したいのは、「おまわりさんに叱られるから」という言い方をしないことです。

これでは、お子さんは「おまわりさんという、こわいひとにおこられるから、これはしちゃいけない」というように理解してしまい、「なぜ、これをしたことがいけないのか」という本質からずれてしまいます。そうすると、次もまた同じことを繰り返してしまうのです。

「これはしません」という事実だけを伝えましょう。

Q6 水道水を出しっぱなしにしたり、いつまでも水で遊んだりするとき

A6 できる限り水に触らせてあげよう

こどもは、動いている水によく触りたくなるものです。

ただ、**水道の水を出しっぱなしにするときは、制限しましょう。「水道の水」といっても、お子さんはピンとこないので、「小川のお水がなくなっちゃうよ」などと言います。そのように言うと、真剣に受けとめてくれるのです。**

水道水に関しては、とくに公共の場では「使い終わったらとめます」と言います。

なぜ、お子さんが水を出しっぱなしにするかというと、「流れているお水を手の感触で確かめたい」といった理由であることが多いのです。それは本能的なことで、必要なことでもあります。

水道水の流しっぱなしを制限しながらも、親としては水に触

れる経験はさせてあげたいですね。

川や公園の小川などで、水に触れさせてあげるのもいいかもしれません。

注意したいのは、こどもが水で遊んでいるときは、私たち大人はこどもから目を離さないようにすることですね。

Q7 不器用なので、手先を使う遊びをさせたいとき

A7 本人が楽しいと思うことを、手を使って遊ばせよう

こどもの不器用さを解消するために、手先を使う遊びをさせたいとき、一番いいのは、お子さんがしたいことをさせることです。「やりなさい」と言われたからやる。それではうまくなりませんし、何より楽しくないですね。楽しくないと上達もしません。

ですから、手先を使う遊びをする場合、こどもに選択肢を与えてあげてください。たとえば「あやとりと折り紙どちらにする?」と尋ねてみます。どちらも手先を使う遊びを選ぶことができますね。

とくに0～3歳は、「自分をよくしたい」という生命衝動に駆られている時期なので、その力を信じてあげることが大事です。自分にはしたいことがあるのに、「あれをしなさい」「これをしなさい」と言われたら、大人でも嫌になってしまいます。これは言語、文字、数字を覚える際にも共通して言えることです。

お子さんがしたいことをしたいだけできるように、環境を準備できるかどうかが大切です。

その結果として、運動のコントロール（手先が思うように動かせるようになる）ができるようになり、さまざまな難しいことにチャレンジできるようになるのです。

Q8

「やりたい、やりたい」となんでもやりたがるとき

A8

こどもがやりたがっていることは、気がすむまでさせてあげよう

お子さんが「やりたい！　やりたい！」と言うのは、学びのチャンスです。楽しく学べるように、見守りましょう。

あるこどもの話です。

彼女は、目に映るものすべてに興味を示し手にとってしまって、本当に目が離せない状態のお子さんでした。やりたいことがたくさんあったのでしょう。

そこで、その子がやりたいことを危険のない限り認めました。その彼女が、数年たってどうなったか。驚くほど成長したのです。

どんなにまわりが騒いでいようと、影響されることなく、自分のしたいことをする。自分がいまその場でどうしなくてはならないか、しっかりわかって行動できているのです。

こどもが本能的に動く行為は、生命衝動です。**親としては、身の危険のない限り、できるだけやりたいことをやらせてあげることです。お子さんがやりたいことを爆発させる時期に、その機会を奪わない環境はどういうものなのか、考えておくことも必要かもしれません。**

ですから、こどもが何かに興味を示したり、夢中になったときには、積極的に触れさせてあげてほしいのです。

Q9 こどもがひらがなや数字に興味を持ったとき

A9 家族とゲーム形式で遊びながら親しもう

お子さんがひらがなや数字に興味を持ったとき、どんなふうに親しめばいいでしょうか。

ひらがなの場合、たいてい五十音順の「あ」から始めようとしますが、「あ」は文字を書き始めのこどもにとっては難しいものです。

自分の名前に興味がある子も多いので、お子さんの名前から始めてもいいかもしれませんね。

ひらがなを拾い読みできるようになったら、絵本を一緒に読んでみましょう。絵本は文字に親しむのにとてもいい教材ですから、ぜひ取り入れてみてください。

数の場合、おうちでお子さんにお手伝いしてもらうとき、「何人いる？」とお皿を運ぶ人数を聞いてみましょう。身近なものを数える場面では、どんどん数えてもらいます。

ただ、もしお子さんがやりたがらないときには、無理強いしないことも大切です。こどもの気持ちを削いでまですることは、むしろ逆効果です。ほんの数カ月間、ほかの子より字の読み書きが遅いからといって困ることがあるでしょうか。もし「うちは遅いわ」と思ったとしても、ほんの数カ月の差です。その数カ月は、大人になってみると大きな差ではありません。心配しなくても大丈夫だと、気持ちにゆとりを持ちましょう。

家族で楽しく学べる教材としては、かるたやすごろくがいいでしょう。日本の素晴らしいお正月遊びを通して、数や文字に親しむのはとてもいいことです。文化も同時に学ぶことができますね。

子供用のかるたは一文字しかないものが多いので、まだ文字を少ししか読めない子にも最適です。

大きな子に文を読んでもらうと、文字を覚えかけの小さな子は、もう必死になってかるたを取ろうとしますから、とてもおすすめです。

3～6歳くらいのお子さんには、将棋やモノポリー、トランプ、人生ゲーム、UNOなどもいいですね。とくにUNOは色や数だけでなく、ルールを守ることも覚えられるので、家族で遊ぶといいかもしれません。

楽しく遊びながら学ぶ。

学びには、もっともよい方法だと思います。

CHAPTER 5
「こんなときどうしよう？」
お悩みシーン別モンテッソーリ流解決のヒント

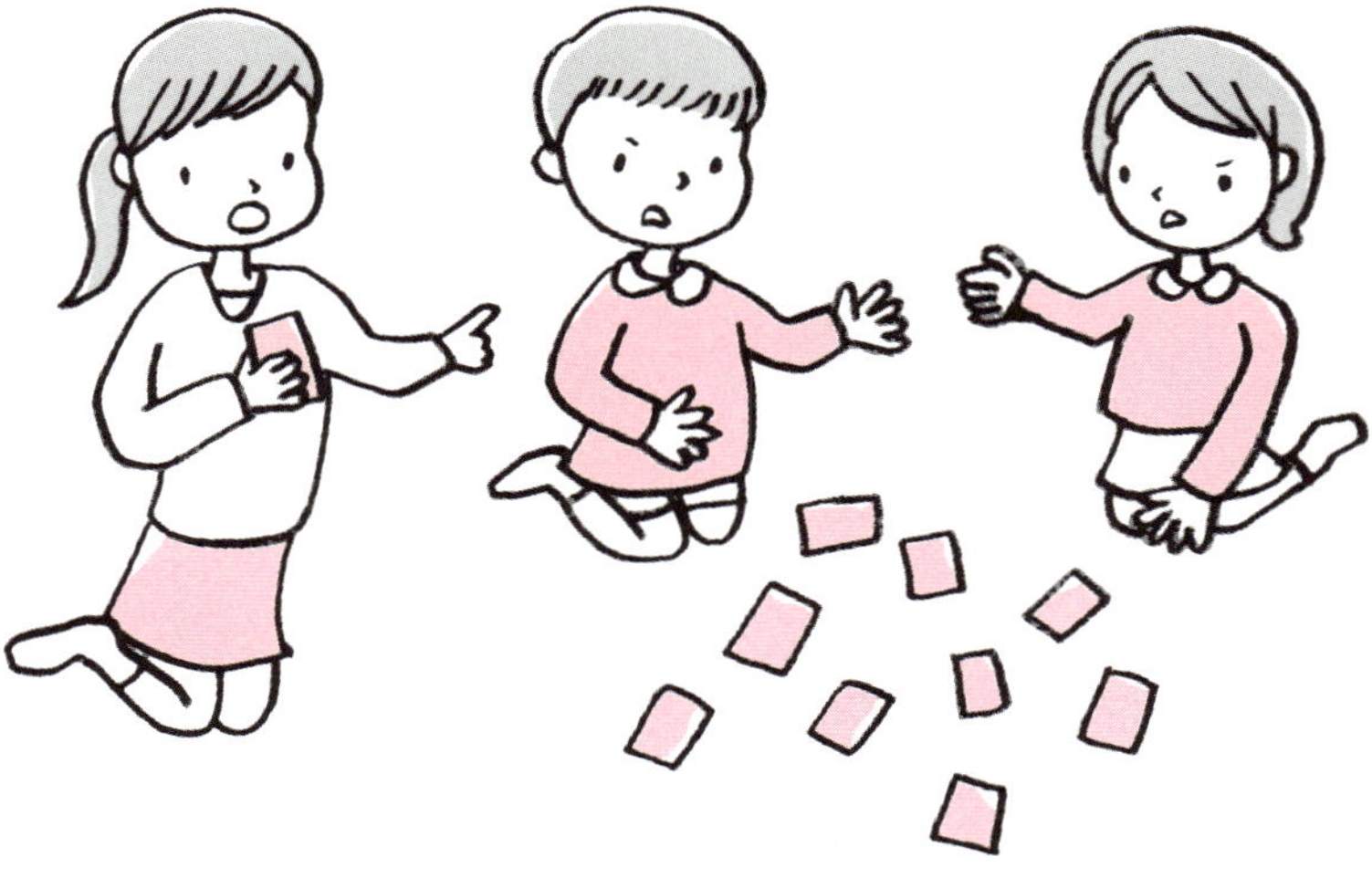

Q10 汚いことばを使うとき

A10 ことばの「意味」を聴いてみよう

お子さんが3～4歳くらいになると、「どこでこんなことばを覚えたのかな？」と、親として頭を悩ませられることば使いが増えることがあります。

ただ、それは成長するうえでの通過点です。


もし、お子さんが汚いことばを使ってきたら「それはどういう意味？」と聴き返してみましょう。

そうすると、こどもはたいてい「わからない」と答えます。

そして、「意味のわからないことばを使うのはやめたほうがいいね」と話します。


うまく説明できないことばは、おともだち同士では使ってもいいけれども、たとえば親や、目上の方に対して使うものではないと伝えます。

こどもと、きれいなことば、汚いことばを使う場所・相手を話し合うことも、大切な家庭教育の1つだと思います。

ちなみに、**0～3歳の時期には、こどもが「はなすのはたのしいんだ」と家庭で実感できる体験が必要です。こどもはなんでも話したいのです。ですから、意味なく話すいろいろなことを「そうなの？」と言って、ただただ聴いてあげましょう。**

その子が「おとなに、はなしてもいい。たのしい」と思う土台づくりは大切です。

そのうえで、ことばの使い方を伝えるようにするのがよいかもしれませんね。

Q11 左利きが気になるとき

A11 無理に右利きに直さなくてＯＫ

お子さんが左利きの場合、悩むおかあさんは多くいます。

ただ、無理に左利きを右利きに直さなくてもよいと思います。

それよりも、手を動かし始める時期に利き手を直すことのほうが弊害が大きいと思うのです。まわりから無理やり「こっちの手で食べなさい」と言われることは、大人でもストレスです。小さなこどもなら、さらに混乱してしまいます。

お子さんが字を書きたくなる時期に、左利きを右利きに矯正されてしまったら、書きたい字も書けなくなります。自然に「かきたい！」という衝動が起こりやすいはずの敏感期が終わってしまったら、もう書きたくなくなってしまいます。

これはとても残念なことですよね。

実際に、左利きで悩んでいるおかあさん方に「では、どうして直したいのですか？」と尋ねてみても、とくに明確な理由がないことが多いのです。

食べたい時期、書きたい時期、手の動きをつくっている時期には、まずはこども自身の感覚や運動を洗練させ、楽しむことを優先していいのではないでしょうか。

もし両方の手どちらも使えるとしたら、それは素晴らしいことですね。

焦らず、まずはこどもの個性を尊重しましょう。

Q12

やたらと走り回るとき

A12

「走らないで」より「歩きます」と伝えよう

お子さんがどこでも走り回りたがるときには、どうしたらよいでしょうか。

まず、公共施設や、電車やバスなどの公共交通機関には、走っていい場所と走ってはいけない場所があることを理解してもらいましょう。ただし、「走らないで」と否定的な言い方ではなく、「ここでは歩きます」と肯定的な言い方をします。何をすればいいのかわかるように話すことで、お子さんも行動しやすくなります。

こどものときから、TPO（時と場所と場合）に合わせた行動があることを、経験を通して学べるといいですね。

たとえできなくても、「こういうときはこうしなければいけない」と知っていることは、大きくなってから社会のルールを理解するためにも重要です。

「ここは走らない場所だから歩きます。走りたいなら公園に行って走ろうね」と、日常のシーンで、していいこと・していけないことを整理してあげましょう。

社会のマナーを教えるために、電車に乗るのもいいと思います。ホームの端を歩かないこと、乗っている人が先に降りてから自分が乗ること、席が空いていなければ立っていなくてはいけないことなど、実際に体験して学べる社会のマナーがたくさんあります。美術館や博物館で、「走らない」「大きな声でしゃべらない」というマナーを伝えるのも大事ですね。

注意するときには一貫性が必要です。「今日はいいけど、明日はダメ」ということでは、こどもは混乱してしまいます。ですから、「今日はダメだったら、明日もダメ」と、首尾一貫した態度を取るようにしましょう。

Q13 物を散らかしたり、出しっぱなしたりして片づけないとき

A13 年齢に合わせた片づけをうながそう

お子さんが、物を散らかしたり、隠したり、出しっぱなしで片づけなかったりするときはどうしたらよいでしょう？

0～3歳の場合は、ことばがまだわからないうえ、自分の思うように身体が動かせないこともあるので、「片づけなさい」とだけ言ってもできないことがあります。

0～3歳のこどもは、次から次へと好奇心が湧いてくるので、片づける前に新しいものに興味が移りがちです。その分どんどん部屋が散らかってしまうのですが、興味が移ったタイミングで、「これを片づけてから次をやろうね」と言って、小さいうちから片づけをさせるようにします。

まわりの大人がそのように伝えているうちに、だんだんとできるようになっていきます。まわりのおともだちが片づけている様子を見るのも、いいですね。0~3歳の場合のお片づけは、「使ったものを元に戻す」をゴールにしましょう。

3~6歳になると、分類して片づけることができるように準備しましょう。自分の出したものが整理整頓されていくうちに、脳も整理整頓されています。

3~6歳のお子さんの分類片づけの練習におすすめなのは、洗濯物の折りたたみを手伝ってもらうことです。

おかあさんのお手伝いをしながら洗濯物をたたんでいるうちに、これはおとうさんのもの、これはおかあさんのもの、これは私のもの、と区別ができるようになりますよ。

Q14

「ごめんなさい」「おはよう」「ありがとう」を言えないとき

A14 お子さんの前で親がお手本を見せよう

「ありがとう」「ごめんなさい」「おはようございます」などのことばは、親がお手本を見せることが一番よい方法です。

ですから、親も何か間違ったことをしたら、こどもに「ごめんね」と言うようにしましょう。「ごめんね。おかあさんが間違っていたよ」と伝えることで、こどもも謝ることを覚えます。まずは私たち親の行動からですね。

あるご家庭の話です。いつも「ありがとう」と言ってくれる、本当に素敵なお子さんがいました。それも、「〇〇ちゃん」と相手の名前を呼んでから、「ありがとう」と言うのです。

おかあさんに「ご家庭でどんなふうにされているのですか？」と伺ったところ、夫婦といえども朝は必ず「おはよう」、夫が何かしてくれたら「ありがとう」と、それだけは努力しているおっしゃっていましたね。

こどもは親の姿を見て学ぶことを改めて実感したお話でした。

大人はこどものお手本なのです。

Q15 気持ちの込もっていない「ごめんね」を言うとき

A15 何がいけなかったか、どうすればいいかを説明しよう

お子さんが何かいけないことをしてしまったとき、よく親がしがちなのが「○○ちゃんに、ごめんって言いなさい」というように叱ることです。

それでは、「ごめんなさい」と言えばすべてが許される、とこどもが間違って学んでしまいます。その場しのぎで「ごめんね」と言ってしまうことになりかねません。

そうならないためには、まず現状を伝えることです。

「あなたがしたことで、この子はこういうふうな気持ちになっている」ということを伝えます。

たとえば、お子さんがケンカやいたずらをした場合、「Aちゃんが、こうだったんだね」「Bちゃんは、こうしたかったんだね」と、そのときのこどもの行動をことばにしてあげます。

相手を叩いて泣かせてしまったときには、

「Aちゃんはあなたが叩いたから、いまどういう気持ちになっていると思う？」

『ないてる』

「なんで泣いてるのかな？」

こう聴くと、こどもはだいたい『かなしいから』と答えるものです。

「おともだちを悲しい気持ちにさせちゃったよね。どうしようか？」

すると、こどもは自分から「ごめんね」と口にします。

こんなふうに、うながしてあげるといいでしょう。

どんなに小さなこどもに対してでも、何が起こっていて、どうして謝ったほうがいいのか、本当の意味を伝えることが大切なのです。

モンテッソーリ教育では、現実を知る力・真実を見る力を、こどものうちから養います。そうして、現実がどうであるかを冷静に判断し、「じゃあ、自分はこれからどうすればいいか」と考えさせるのです。

「ごめんなさい」と言わせたいのは、こどもが悪いことをしたときに謝罪の気持ちをことばにしてほしいという親の願望の表れです。

謝らせることを目的にするのではなく、何がいけなかったのかを理解させるようにしたいですね。

暮らしのマナー編

Q16 トイレを嫌がるとき

A16 「うんちが汚い」「失敗しちゃダメ！」と言わないようにしよう

お子さんがトイレを嫌がるときは、どうしたらよいでしょう。

じつは、トイレを嫌がるのは、無理強いしたり、「うんちが汚い」といった否定的なことばを大人が使っているのが原因の1つです。

さらに、失敗して親から怒られたりすると、「トイレ＝嫌な場所」になってしまいます。トイレの訓練中は、なるべく怒らないようにしましょう。

トイレットラーニングは、何度も失敗をして学ぶものです。失敗しても根気強く、「トイレに行きたくなったら声をかけてね」と伝えましょう。

「したくなったらトイレにいけばいいんだ」と素直に思えれば、こどもは「あ、トイレだ」「いきたくなった」と言い、気がついたらトイレに行くようになります。

尿が出る→パンツが濡れる→濡れて気持ちが悪い→「つめたくなった。きもちわるい」と感じる→「あ、トイレにいったほうがいいんだ」と思う、という流れで実感できるようになるのです。

その経験をしないで、おむつからすぐトイレに座るというのはなかなか難しいことです。

トイレに座らせる前、おまるを使用するのも方法の1つです。おまるは、トイレと違い段差が少なく、すぐ座ることができます。

尿意を感じておまるに座ることが自分でできたら、今度は大人用の便座に乗せられるおまるに替えてあげて、「じゃあ、大きくなったから、今度はこっちでしようね」

とステップアップさせましょう。

とくに0～3歳の間は、おまるがいいかもしれませんね。

ちなみにおむつを取るタイミングは、夏場がおすすめです。薄着で着脱も簡単ですし、洗濯物も早く乾きますよ。

Q17

歯磨きやお風呂を嫌がるとき

A17 「ママが磨く？ 自分で磨く？」「誰とお風呂に入る？」と問いかけよう

歯磨きを嫌がるのは、多くのお子さんに共通することかもしれませんね。

歯磨きを嫌がるときも、お風呂を嫌がるときも解決法は一緒で、選択肢を与えましょう。ただし、どちらを選んでも歯磨きをすることになる選択肢、お風呂に入ることになる選択肢を与えます。

たとえば歯磨きについては「ママがやる？ 自分で磨く？」と磨く前提の選択肢です。お風呂の場合も「おもちゃ持っていく？ 持っていかない？」と入る前提の選択肢です。「誰と入る？」でもよいと思います。

嫌がる原因として、無理にさせていないか、少し振り返ってみてください。強い力で歯磨きしていないでしょうか？

その場合、磨かれることが嫌になっているかもしれません。大人でも、歯医者さんに口の中を乱暴に治療されたら、恐怖を感じます。もしかしたら、おかあさんの仕上げが痛くて嫌だと思っているのかもしれないので、お子さんに聴いてみてもいいかもしれません。

お風呂の場合は、お湯が熱かったり、疲れすぎて入りたくなかったりすることもあるかもしれません。どうしても嫌がるときは、「まあ、今日はもういいか」と無理強いさせなくてもいいと思います。

お子さんの様子を見ながら判断しましょう。

感情編

Q18 おかあさんが見えなくなると泣きわめくとき

A18 そばを離れる理由を伝えよう

0～1歳半くらいの小さなお子さんは、おかあさんの姿が見えなくなると、泣くことがあります。ボールが箱の中にポトンと入って見えなくなると、「ボールがなくなった」と思うのと同じです。

人見知りもそうです。人見知りは、いつも見かける顔とそうでない顔の分別がつくようになると起こります。**おかあさんがほんの一瞬でも見えなくなると、不安になって追いかけてくることがあります。そういうときに泣くのは、自然な発達の過程で起こることですから、仕方ないといえるでしょう。**

1歳半〜2、3歳になってくると、さらにいろいろなケースで泣くことがあります。
おかあさんが不安な気持ちでいると、こどもも泣くことがあります。

「この子はすぐ不安になりやすいな」と感じているのであれば、トイレに行くときは「ママは、トイレへ行ってくるからちょっとだけいなくなるよ」と、お子さんにわかるように話すようにするのも1つの方法でしょう。

こどもは意外とわかってくれるものです。

「わからないから説明しない」ではなく、「わからないかもしれないけど説明しよう」という心がまえは大人同士でも大切ですね。

Q19 こどもがイヤイヤ期で困ってしまうとき

A19 過剰なリアクションはしない

お子さんのイヤイヤ期が数カ月間も続くと、おかあさんも「どうしてそんなこと言うの？」と疲れてしまいます。過ぎてしまえば、「あ、そういえば最近はイヤイヤと言わなくなったな」「魔の2歳児の時期は終わったのかな」と思えるものですが、その最中は理論的なことを考えている余裕なんてありませんよね。

また、イヤイヤの度合いが強い子も弱い子もいるので、個人差もあります。

お子さんが泣いたりわめいたりするとき、親が過剰なリアクションを返すと、こどもは「あ、こうすればあいてをしてくれるんだ」と思って、余計に騒ぐことがあります。ですから、お子さんが激しく騒ぐときは親は無心でいることを心がけましょう。

ことばのわかるお子さんには、「まず落ち着いてから話を聴こうね」「お話ができるようになるまで待っているね」と伝えます。

まだことばのわからない小さなお子さんは、バタバタする様子を見守りましょう。寝転がっていても、しばらくすれば自分で起きあがるものです。

こんなふうに対処していくと、こどものイヤイヤに振り回されなくなっていきます。ぜひ試してみてくださいね。

感情編

Q20

何かをしてあげようとすると泣いたり、怒ったりするとき

A20

「じぶんでやりたい」という気持ちを大切にする

敏感期中のお子さんは、なんでも自分でやりたがったり、「やらないで」と親の手を払いのけたり、泣いたりします。

そんなときは、「自分でやる？　おかあさんがやる？」と選択肢を与えましょう。

大人がしてあげたほうが早いという理由で、親がやってあげることも多いと思います。急いでいるときはそれでもいいのですが、急いでいないときには、こどもが自分でできる時間を与えてあげてください。

そのほうがこどもは成長します。

たとえば服の着替えにしても、あまり親が手伝いすぎないように心がけたいものです。泣くということは、お子さんに「てつだわないで」という思いがあるということです。泣いて嫌がっているのに手伝うことは、こどものやりたい力を抑えていることになります。

こどもが自分でやりたい気持ちを大切にして、1人でできるようにお手伝いできるといいですね。

ぜひ、こどもの「じぶんでやりたい！」気持ちを伸ばしてあげましょう。

感情編

Q21 自分で服を着るように言うと、できなくて泣いたり、怒ったりするとき

A21 どうしても嫌がっているときは手伝ってあげよう

お子さんが自分でうまく服を着ることができず、泣いたり怒ったりすることがあると思います。

怒っているときは、まず落ち着かせてあげましょう。

泣いて嫌がっているのに、無理やりやらせたら余計に嫌になってしまうので、おかあさんが手伝ってあげてもいいと思います。

必ず1人でしなければいけないわけではなく、時にはそのときの体調や状況を考えてあげることも必要です。たとえば、お漏らししたあとで着替えを嫌がって泣いているのであれば、その日は手伝ってあげてもいいと思います。

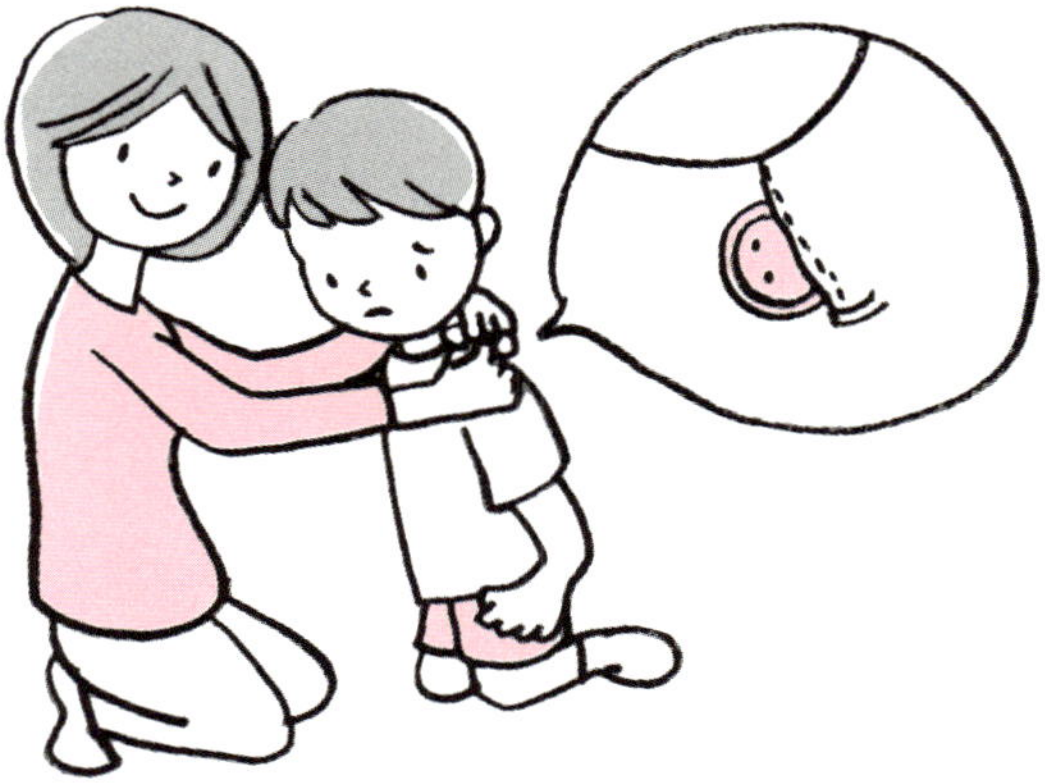

2歩進んで1歩下がるくらいの気持ちで、臨機応変に対応するのがよいでしょう。

「今日はいくらやってもできそうもないな」と思うときは、「じゃあ、今日は手伝うね」と言ってサポートします。

こどもができる状態のときにチャレンジしてもらうのが、一番効果的です。そのほうが、こども自身も「あ、できた」という達成感を味わえるのです。

お子さんが自分で服を着る方法がわからなくて戸惑っているときには、できない部分のやり方を、大人がゆっくり見せてあげるのもおすすめですよ。

感情編

Q22

おかあさんと同じことをやりたがり、させないと泣くとき

A22

できることからお手伝いしてもらおう

お子さんは、おかあさんがしている日常生活のお手伝いをよくしたがります。そんなときは、まずこどもが使いやすいサイズのものを用意してあげるといいでしょう。

脳も身体も発達している幼児期のこどもには、「できた」という達成感を経験させてあげることが大切です。それを感じさせるために、こどもが成功しやすい環境を準備しましょう。

おかあさんが料理中に、小さくてまだ包丁が持てないのに、お子さんが「ほうちょうをやりたい」と言ってきたらどうでしょうか。

そんなときには、できることからお手伝いをしてもらいます。

たとえば、小さい子はじゃがいもやニンジンを洗うのが大好きですから、洗ってもらうようにします。玉ねぎの皮をむくのも大好きですし、こんにゃくなどはちぎったりもできます。ゆで卵の皮むきは最高に楽しいお手伝いです。

こどもができるお手伝いは、日常生活の中にたくさんあります。ほかにも植物にお水をやるのも、金魚に餌をあげるのも大好きですよ。

お子さんにできることをやってもらうと、自分は社会の一員として役に立っているんだという気持ちや、「自分はやればできるんだ」という自信が育ちます。

こどもにとって家族は一番最初の社会ですから、そこで社会の一員として役に立っているという気持ちになれることはとても大切な経験なのです。

Q23 お店で「買って買って！」とだだをこねるとき

A23 「今日は買いません」と冷静に言って連れ帰ろう

お子さんがお店でおもちゃやお菓子を「買って買って！」とだだをこねられると、困ってしまいますね。そういうときは、どうしたらよいでしょう。

たとえば、こどもがおもちゃ屋さんの前で大の字に寝転んでバタバタ泣いていると、親が根負けして「もう立って。買ってあげるから」となってしまいがちです。

そうすると、こどもは「あ、これをしたらかってもらえるんだ」と覚えてしまい、また同じ行動に出るようになります。そんなときには、「今日は買いません」と言って連れ帰りましょう。

泣いたとしても、それには引きずり込まれてはいけません。

ここで大切なのは、お菓子などの「物で釣らない」ことです。だだをこねればお菓子をもらえると、間違って学習してしまうからです。

ただ、お子さんの気持ちを切り替えてあげるという意味で、「もうすぐアニメの時間だよ」などと声をかけるのは効果的かもしれませんね。

大人でも、カーッとなったときに気持ちを切り替えられると助かります。何か別の投げかけをして気分を変えるヒントを与えてあげるのは、たいへんよいことです。

Q24 眠るときにぐずったり泣いたりして大変なとき

A24 こどもが安心して眠りにつきやすいポイントを見つけておこう

お子さんが眠くなると大声で泣いて手に負えない、眠いのに眠れなくてぐずる…ありますよね。まだことばが出ていないと、こどもは泣くしかありません。

まず、なぜ泣いているのかを観察します。

おかあさんが日頃から「眠くて泣いているのだな」「眠いからぐずっているのだな」というお子さんのシグナルに気づいていれば、よりよい対応ができます。

眠たくて泣いているのであれば、抱っこしてあげるといいかもしれません。寝ることは本能でもあるので、安心できる環境で眠らせてあげれば、落ち着くことでしょう。

おなかがすいてぐずっているのか、疲れてぐずっているのか、眠くてぐずっているのか、泣き方や泣き声の違いで察します。

たとえば抱っこするとよく寝る子や、トントンしたら寝る子など、個々人のパターンがあります。

安心して眠りにつきやすいポイントがそれぞれにあり、それを親が見つけて実践してあげると、大声で泣いても落ち着くのが早いかもしれません。その子が寝やすい状況に親が気づき、最適な環境をつくってあげることが大切です。

とくに乳幼児は、泣き方で何を欲しているのかがわかりやすい傾向にあります。よく聴いていると、お腹がすいているときはこういう泣き方をする、眠いときはこういう泣き方をする、と違いがわかってきますから、泣き方をしっかり観察しましょう。

睡眠編

Q25

眠る時間なのに「眠くない」と言って遊び始めるとき

A25

ふだんから寝る前の習慣を整えておこう

お子さんが眠る時間になっても、「眠くない」と言って遊び始めることがありますね。まず確認したいのが、寝る直前までスマホの画面を見ていないかどうかです。ディスプレイのブルーライトは、脳を興奮させてしまうので注意しましょう。

睡眠は、まず眠りやすい環境を準備しましょう。

たとえば、いつもと同じ時間になったら部屋を暗くします。生活のリズムが大切ですから、寝る前の準備もなるべくいつも同じにします。歯磨きして、トイレに行き、パジャマに着替えて、それから布団に入るという習慣をつくっておくのです。

そうすれば、「寝る時間だよ」とこどもに言えば、自分の意志で歯磨きしに行き、

自然とその習慣をこなして布団に入れるようになるでしょう。

眠る時間になっても、こどもが「眠くない」と言って遊び始めたら、わが家（石田家）では「いまはもう寝る時間だから寝ようね」と言って一緒に布団に入ります。

こどもの寝る環境（いつものとおりにする）を整えるのです。

または、「ママと一緒に寝る？　それとも1人で寝る？」と、どちらも寝ることになる選択肢で問いかけます。

寝る準備として、絵本を読むこともお

すすめです。お布団に入ったあとに、絵本を読んでから寝る流れをつくってあげるのです。ことばがまだ話せないこどもでも視覚や聴覚を使ってさまざまなものを吸収していますから、言語の発達にもとてもよい影響があります。

「今日はどの本を読んで寝る?」と誘って、お布団に入るのもいいですね。

付録

1人で着替えやすい おすすめアイテム

1人で着替えやすい服

ここでは、こどもが自分で着替えやすい服などをいくつかご紹介します。

ポイントは、シンプルで無駄がなく、素材がやわらかい点です。ズボンの場合ですと、ゴムで伸び縮みして脱ぎ着しやすいものがいいでしょう。

また、ボタンが大きくて交互に色が異なっている服は、こどもが自分でボタンをつけるときの助けになります。たとえば無印良品のこども服は、自分で着替えやすいつくりのものが多いと思います。

肌着は、素材がよく着心地のいいものにしましょう。アレルギーのあるお子さんもいるので、多少値段が張ったとしても、限られた枚数だけでも、いい素材の着心地がよい

ものを用意してあげたいですね。
赤ちゃんの肌着なら、プチバトーがおすすめです。うちの子（石田）は肌触りが好きで、ずっと愛用しています。

こどもはすぐに大きくなるので、最初から大きめの服を選ぶことがしばしばあると思います。その場合でも、袖をしっかり折って手首を出すようにしましょう。こどもが手を使って運動の調節感覚を学び、成長している時期だからこそ、邪魔な要素があると大きなストレスになります。
袖口がリブ（ゴム）になっているものなら、腕を上げても袖が下がってこないので、おすすめです。

トイレットラーニングをうながす場合には、ズボンの前に目印となる、リボンや花、動物、自動車のワッペンなどをつけてあげると、「こっちが前だな」とわかりやすくな

ります。

フリーマーケットを使うという手もあります。ある程度使い込まれていて新しくない分、すでに生地がやわらかくなっているのがよいところです。

1人で着替えるのが難しい服

- **オーバーオール**（トイレットトレーニング中にはNG。おもらしの原因に）
- **前にホック、ボタン、チャックがついているズボン**（1人では履きにくい）
- **ジーパン**（動きにくくて運動に制限をもたらすので、1人では履きにくい）
- **スカートの下にスパッツを履くこと**（生地が厚くなる分、

脱ぐのが大変）

・袖がだらんとして長い服（手を使う妨げになってしまう）

1人で脱ぎ履きしやすい靴

歩き始めてから走り始めるぐらいまでは、足が発達している大切な時期ですから、靴は多少高くても足に合ったものを選びましょう。

まず、自分で脱ぎ履きしやすいかどうかが重要なポイントです。

スポンと履けてスポンと脱げる、ゴムのやわらかい靴がいいでしょう。そういう靴なら、かなり早いうちから自分で履けるようになります。

普通のスリッポンは、脱げてしまうものも多いのですが、たとえばナイキの「ダイナモ」は足を包み込むようになっ

ているので安心です。ソールも良質で動きやすくなっています。

1人で脱ぎ履き、歩くことが難しい靴

- **歩きづらいサンダル**（動きやすくてストレスなく歩けるかどうかも見逃せない）
- **ひも靴**
- **ファスナーのある靴**
- **マジックテープの靴**（履いているうちに、ゆるくなってしまうこともある）

いまは、こどもの足に合う靴を選ぶために、機械で測ってくれる靴屋さんもあります。計測してもらって、どんなメーカーの靴がわが子に合っているか、アドバイスしても

らうのもいいかもしれません。靴は大切ですから、ぜひお子さんに合ったものを選びましょう。

おすすめのイス

足が床につかないところでは、ズボンや靴を1人で履けません。まずは、お子さんの足が床につくくらいの高さの安定したイスや台を用意してあげましょう。

プラスチックなどの軽いイスでは、バランスが悪くて倒れてしまうことも…。ある程度重みがあって安定感のあるものがいいでしょう。お尻がすっぽり入って、足を上げても後ろに反り返っても落ちないようなつくりのものがベストです。

○

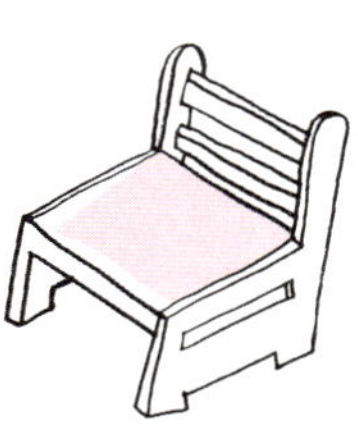

おわりに

本書を最後までお読みくださり、ありがとうございました。

「おかあさんのためのモンテッソーリ教育」をテーマに、私、上谷がわが子たちにしてきたことや、私の娘たちと「こどもの家」で実践してきたことを、できるかぎり紹介いたしました。

モンテッソーリ教育の考えに、触れていただけたでしょうか。

この教育法の創始者である、マリア・モンテッソーリは、ノーベル平和賞に3度もノミネートされたにも関わらず、すべてお断りしたという稀有な女性です。

学生時代にさかのぼると、彼女はローマ大学医学部の最初の女子大生でした。その頃は、ほかの男子学生が全員講義室の席に座るまで、教室に入れてもらえなかったと言われています。解剖の授業は、男子学生と一緒に受けることすら許されず、夜1人で解剖実習をしたことがあったとも、記録に残っています。

男尊女卑の社会のなか、数多くの障害があったことがうかがえます。

信仰心の深いマリア・モンテッソーリが、カトリック教会の教えに反して、未婚のまま男の子を出産したのは、28歳のときでした。

自分で育てることも許されず、乳母に預けられ、こどもが15歳になったとき、ようやく引き取ることができたと言われています。そのこどもが1929年31歳のときに国際モンテッソーリ協会(AMI)を設立し、事務局長に就任したマリオさんなのです。

わが子を自らの手で育てられなかったところに、私は彼女の苦悩を感じました。その苦悩の中から生み出されたモンテッソーリ教育に、私は強く関心を抱き、この教育法を学びたいと思ったのです。

マリア・モンテッソーリが完璧な存在ではなかったということにも、私はとても共感しました。

人間は完璧でなくてもいい。

母親も完璧でなくてもいい。

こどもも完璧でなくてもいい。


むしろ自分の失敗をこどもに話して、そこから学んだことをこどもに伝える。

できるだけよい面を見つけて、試行錯誤しながら日々の生活をする。

それでよいのではないでしょうか。

過ぎ去ったことで悩んだり、まだ来ない未来を心配したりせず、今日を大事にすることこそが、大切なのかもしれません。


モンテッソーリ教育の究極の目的は、「こどもを愛すること」「こどもを信じること」であると私は思います。

子育てですから、日々いろいろなことが起こります。

こどもに対して、「わずらわしい」と思う日もあるでしょう。

そんななかで、こどもの存在を尊重しながら命を育めたら、素晴らしいことですね。

本書がそのためのヒントになれば、こんなに嬉しいことはありません。
こどもたちのしあわせ、そしておかあさんたちのしあわせを心から願っております。

上谷君枝

2018年 5月

上谷君枝（かみや・きみえ）

「モンテッソーリ 久我山こどもの家」園長。1985 年に東京国際モンテッソーリ教師トレーニングセンターにて、3-6 歳モンテッソーリ国際教師資格（ディプロマ）を取得。88 年に「自然の中でのモンテッソーリ教育 高尾こどもの家」を開園。現在は久我山こどもの家を運営。33 年間、モンテッソーリ教師として、お子さんがよりよい人生を選択できるよう、自立した人生を送ることができるよう、おかあさま方のお手伝いをしてきている。また、カンボジア西部バンテイメンチェイ州で小学校づくりに参加するなど、活動の場を広げている。共著者の石田登喜恵さんはご息女。

石田登喜恵（いしだ・ときえ）

「モンテッソーリ 久我山こどもの家」教師。「モンテッソーリ 善福寺子どもの家」に通い、モンテッソーリ教育に出会う。共立女子短大卒業後、イギリスに留学。帰国後自らの根幹であるモンテッソーリ教育を学ぶために、東京国際モンテッソーリ教師トレーニングセンターにて、3-6 歳モンテッソーリ国際教師資格を取得。横浜、上海の「美しが丘こどもの家」で勤務した後、高尾こどもの家に勤務。０～３歳の乳幼児期の重要性を痛感し、アメリカデンバー AMI モンテッソーリ乳児アシスタントコースにて 0-3 歳モンテッソーリ国際教師資格を取得。06 年、久我山こどもの家インファントクラスを創設し、現在に至る。

０～６歳 すぐ手助けするより、じっくり見守る
自分で考えて動ける子になる
モンテッソーリの育て方

2018 年 6 月 30 日 初版第 1 刷発行

著　者　上谷君枝・石田登喜恵
発行者　小山隆之
発行所　株式会社 実務教育出版
〒 163-8671　東京都新宿区新宿 1-1-12
電話　03-3355-1812（編集）　03-3355-1951（販売）
振替　00160-0-78270

印刷／株式会社文化カラー印刷　　製本／東京美術紙工協業組合

ISBN978-4-7889-1478-0　C0037